Transição e permanência

FUNDAÇÃO EDITORA DA UNESP

Presidente do Conselho Curador
Mário Sérgio Vasconcelos

Diretor-Presidente / Publisher
Jézio Hernani Bomfim Gutierre

Superintendente Administrativo e Financeiro
William de Souza Agostinho

Conselho Editorial Acadêmico
Luís Antônio Francisco de Souza
Marcelo dos Santos Pereira
Patricia Porchat Pereira da Silva Knudsen
Paulo Celso Moura
Ricardo D'Elia Matheus
Sandra Aparecida Ferreira
Tatiana Noronha de Souza
Trajano Sardenberg
Valéria dos Santos Guimarães

Editores-Adjuntos
Anderson Nobara
Leandro Rodrigues

AGUINALDO GONÇALVES

Transição e permanência
MIRÓ/JOÃO CABRAL – DA TELA AO TEXTO

2ª edição revista

Copyright @ Aguinaldo Gonçalves

© 2024 Editora Unesp

Direitos de publicação reservados à:
Fundação Editora da UNESP (FEU)
Praça da Sé, 108
01001-900 – São Paulo – SP
Tel.: (0xx11) 3242-7171
Fax: (0xx11) 3242-7172
www.editoraunesp.com.br
www.livrariaunesp.com.br
atendimento.editora@unesp.br

Dados Internacionais de Catalogação na Publicação (CIP) de acordo com ISBD
Elaborado por Vagner Rodolfo da Silva – CRB-8/9410

G635t   Gonçalves, Aguinaldo José

          Transição e permanência: Miró / João Cabral – da tela ao texto / Aguinaldo José Gonçalves. – 2. ed. rev. – São Paulo : Editora Unesp, 2024.

          Inclui bibliografia.
          ISBN: 978-65-5711-213-7

          1. Literatura. 2. Crítica literária. 3. João Cabral de Melo Neto. 4. Joan Miró. I. Título.

                                              CDD 809
2023-2145   CDU 82.09

Índice para catálogo sistemático:

1. Literatura : Crítica literária 809
2. Literatura : Crítica literária 82.09

Editora afiliada:

(In memoriam)

À minha mãe, que sabe ver com olhos livres.

Aos baços olhos de meu pai.

Àqueles a quem agradeço:

"Quanto mais eu sinta, quanto mais eu sinta como várias pessoas,
Quanto mais personalidade eu tiver,
Quanto mais intensamente, estridentemente as tiver,
Quanto mais simultaneamente sentir com todas elas,
Quanto mais unificadamente diverso, dispersadamente atento,
Estiver, sentir, viver, for,
Mais possuirei a existência total do universo,
Mais completo serei pelo espaço inteiro fora.
Mais análogo serei a Deus, seja ele quem for,
Porque, seja ele quem for, com certeza que é Tudo,
E fora d'Ele há só Ele, e Tudo para Ele é pouco".

ÁLVARO DE CAMPOS

Agradecimentos especiais a Antonio Jesus da Silva, pela contribuição na leitura de "Os reinos do amarelo"; ao professor Davi Arrigucci Jr., pela disponibilidade nas trocas de ideias; ao professor Antonio Candido, pela lucidez que tantas vezes me devolveu a mim mesmo; ao professor João Alexandre Barbosa, cúmplice desta obra, ponto extremo da minha mobilidade.

Sumário

Prefácio   13

Introdução – Um sistema modular   17

1. A educação pela pedra:
   ruptura e consciência   33
2. Autotextualidade/intertextualidade:
   relações intertextuais entre poemas
   da mesma obra   67
3. Intertextualidade entre poemas de obras
   diferentes   113
4. Transição e permanência:
   João Cabral/Joan Miró   133

Entre a mobilidade e o enigma   185

Referências   201

Prefácio

Ao nomear o livro de agora com o título que, na dissertação de mestrado, era o do último capítulo, Aguinaldo José Gonçalves convida o leitor a ter presente, desde as primeiras páginas, aquilo que, de fato, funciona como elemento básico de articulação na leitura que empreende da obra de João Cabral de Melo Neto: o sentido da permanência de um fazer artístico desentranhado de uma incessante procura, em que cada obra realizada é elemento de transição para outra que virá em seguida. Mais ainda: esse último capítulo funciona como uma espécie de expansão para as hipóteses de análise da poética de João Cabral, na medida em que apresenta, como dado reflexivo fundamental, observações sobre a poética pictórica de Joan Miró, buscando estabelecer aquilo que o autor deste livro gosta de chamar de "homologia estrutural" entre as duas poéticas.

Desse modo, o que era lido como constituindo núcleos de análise para a compreensão crítica de uma obra do poeta, no caso *A educação pela pedra*, é traduzido agora em termos mais amplos para apreensão de relações entre sistemas diversos – o poético e o pictórico –, mantendo-se, no entanto, uma identidade de base que confere validade à comparação. Dizendo de outro modo, quando o leitor chega ao último capítulo, agora guiado pelo título do livro, não é tomado pela

14 TRANSIÇÃO E PERMANÊNCIA

sensação de arbitrariedade que muito frequentemente ronda os estudos comparados. E isso porque as observações de ordem intertextual feitas acerca do poeta permitem o salto, sem cair no abismo, para a intersemioticidade por onde entra o pintor. Sendo assim, o que aparece, no último capítulo, como comparação entre as artes é preparado analiticamente, desde o início do livro, pelo modo muito pessoal de ler a obra de João Cabral, ressaltando a investigação da linguagem do poeta como marcada pela intensa leitura da própria obra (o ponto máximo sendo o que Aguinaldo José Gonçalves chama de autotextualidade), sem deixar de considerar as relações muito precoces de João Cabral com as artes plásticas, examinadas aqui, sobretudo, por meio da leitura analítica do poema "Dentro da perda da memória", do livro *Pedra do sono*, de 1942.

Há, todavia, um aspecto mais interno e mais interessante que garante a coerência da comparação: é que as leituras de Aguinaldo José Gonçalves são todas elas momentos de convergência em que o verbal e o visual tecem uma rede muito bem tramada de anotações analíticas. Veja-se, por exemplo, o modo de trabalhar os aspectos sonoros do poema "A educação pela pedra": quer o esquema métrico, quer o que chama de "tessitura sonora do poema" são esclarecidos, para o leitor (depois de já o ter sido para o analista), pela exposição gráfico-visual do poema, que, repetido em diferentes registros, convence pelos conceitos e move pelo olho. Idem para a distribuição estrófica dos poemas no livro, em que número de versos, separações, numeração e utilização de letras formam figuras geométricas ofertadas ao leitor, que as recebe, por assim dizer, como visualizações muito concretas do processo de composição. Mas é na segunda parte do livro que esse procedimento analítico assume importância fundamental para o entendimento não somente dos mecanismos mais secretos dos textos como também das relações entre linguagens verbal, musical e pictórica que suportam o funcionamento deles. A leitura dos poemas "Agulhas", "Tecendo a manhã" e "Os reinos do amarelo" mostra a íntima dependência entre o desenvolvimento dos conceitos, por meio do discurso propriamente metalinguístico, e a recepção pelos sentidos do analista, por onde a música dos versos (ainda que uma música fundada nas aliterações e nas assonâncias) e o arranjo espacial da

PREFÁCIO 15

linguagem, montando blocos figurativos ou abstratos, fundem-se num único ato de leitura prazerosa.

Aguinaldo José Gonçalves sabe que, entre o abstrato da poesia e a linguagem que lhe dá existência, passa sempre o acaso das articulações sonoras e visuais que é o concreto da poesia. Leitor de Paul Valéry, sabe também que não há abstração na poesia: a operação da linguagem poética trabalha sempre no sentido de resgatar o concreto dos sons e das figuras. Mas é preciso acrescentar bem depressa: na poesia tudo é abstração, porque ela nunca está na dependência da concretização, mas está entre os espaços instaurados para possibilitar sua existência. Sendo assim, o trabalho do analista é, sobretudo, o de quem ouve e vê não somente sons e figuras, mas também o intervalo criado pela linguagem que, ele sabe, está sempre apontando para o pensamento e, portanto, para a abstração. É essa capacidade de ouvir e ver as relações que permite a Aguinaldo José Gonçalves ler os significados antes como emergências dos textos do que como imposições conceituais.

No segundo capítulo deste livro, o leitor tem um exemplo notável disso na análise do poema "Os reinos do amarelo". Sendo, como é, um poema que apreende funções diferentes de um mesmo efeito – a luminosidade –, Aguinaldo José Gonçalves aponta para o sentido diferenciado que ele assume, em referência quer ao reino vegetal, quer ao reino animal, instaurando um processo de leitura que vai da gradação esplendorosa das cores de frutas à degradação miserável do homem que com elas convive. Veja-se como o autor registra o procedimento do poeta: "Os sentidos que perseguem tradicionalmente o signo 'amarelo', tais como riqueza, ouro, nobreza, associados ao também convencional valor do imperialismo nobre dos reinos, encontram no poema uma subversão semântica minada pela ironia alegórica que o conduz. Essa representação alegórica, em todo o seu esplendor, coloca-se no cenário luzidio como sendo o espetáculo anunciado e apresentado com a abertura de coloridas e grandes cortinas de cetim. E o espetáculo se monta pela 'maravilhosa' gradação do amarelo fundida à gradativa e sonora condição temática que vai se desencadeando ao longo da representação."

Daí por diante a leitura de Aguinaldo José Gonçalves cuida em encontrar no texto os elementos que, físicos, respondam pela passagem entre esplendor e degradação, por meio de minuciosas pontuações analíticas, culminando com a magnífica representação visual das gradações de amarelo com que a leitura se encerra. Nada mais natural, portanto, que, no último capítulo, o leitor encontre a ampliação daquilo que se vinha fazendo apenas com o poeta. Trata-se agora de experimentar o mesmo processo de leitura com relação à possibilidade de examinar os procedimentos de João Cabral – recolhidos pela teia analítica durante todo o livro – e os de Joan Miró, agora explicitados em alguns momentos privilegiados de sua trajetória. A articulação comparativa, na verdade, é montada em dois procedimentos básicos: a recriação e a composição emparelhada. Por um lado, é notável o modo pelo qual Aguinaldo José Gonçalves encontrou, na vasta obra de Miró, o quadro que faz ver, de maneira bastante elucidativa, o procedimento de recriação por ele empreendido: *Interior holandês I*, de 1928, em que o pintor catalão traduz (é bem o termo), para a sua linguagem, o quadro *O tocador de alaúde*, de 1661, do holandês Hendrick Maertensz Sorgh. Por outro lado, é surpreendente a lucidez com que lê a recriação do poema "Carta aos 'puros'", de Vinicius de Moraes, feita por João Cabral no poema "Ilustração para a 'Carta aos *puros*' de Vinicius de Moraes". No mesmo sentido, o autor sabe encontrar, tanto no pintor quanto no poeta, exemplos de composições emparelhadas (no caso de Miró, *Personagem e pássaro*, e no de João Cabral, "The Country of the Houyhnhnms") com as quais aponta para o trabalho entre transição e permanência que dá intensidade às obras dos dois. E o que torna também intensa a leitura deste livro.

João Alexandre Barbosa
São Paulo, dezembro de 1988

INTRODUÇÃO

Um sistema modular

Transição e permanência representa o ato inaugural de uma busca. Escrito em 1980, somente publicado em 1989, ele impõe ao próprio autor uma espécie de distanciamento e de coragem, ao assumir um discurso que, apesar de próprio, é, em certa medida, outro, pois foi criado em outro tempo e, consequentemente, mediado por condições culturais distintas. Todavia, a sua natureza autônoma foi mantida pela consciência, e ela – que, segundo Mikhail Bakhtin é realidade constituída pela linguagem – deve ser mantida. Assim, não vi sentido em alterar, afora os resíduos mais grosseiros de estilo, elementos substanciais do texto. A sua concepção se deu num processo quase natural, autodeterminante: iniciou-se com uma impressão e evoluiu, por procedimentos racionais, às dimensões da inteligência.

Falo da primeira vez que li o poema "Sobre o sentar-/estar-no-mundo", de *A educação pela pedra*, em 1970. Tinha 19 anos. Durante quarenta dias, convivi com sua estrutura complexa, tendo, a cada leitura, uma surpresa provocada pelas novas relações que se estabeleciam entre seus elementos constitutivos. Era o primeiro contato que se dava entre mim e a poética de João Cabral de Melo Neto, e não posso negar que, durante bom tempo, fui dominado pela ansiedade. Tendo conhecido o texto isoladamente, queria saber de sua

18 TRANSIÇÃO E PERMANÊNCIA

procedência, dos demais poemas que comporiam a obra, pois o rigor de sua estrutura exigia a existência de um sistema modular no qual ele deveria se inserir.

Foi com a leitura desse poema que tomei consciência decisiva do poder lúdico da linguagem poética, do poder de refração da linguagem posta numa condição intensa de expressividade. Colocar-se numa condição intensa de expressividade só é possível para um discurso que se constrói enquanto sistema autônomo, por meio de um verdadeiro retalhamento de palavras e de sintagmas, transformados em imagens, uma forma de bricolagem de reconstituição mimética, que traz como resultado uma sintaxe provocadora de um ritmo novo, capaz de suscitar, pelo que possui de insólito, uma estranha sintonia entre a linguagem poética e seu interlocutor. Daquele díptico cheguei à obra de 1965 – fase madura do poeta – e percebi que se iniciava um processo irreversível.

Penetrava num sistema, composto de 48 poemas, montado como uma obra arquitetônica, constituída de módulos orgânicos, que se reportam e dialogam de forma ilimitada. Esse fenômeno se dá nas malhas do processo inventivo, exigindo do receptor formas também mais dinâmicas de interação com o trabalho de arte.

A educação pela pedra cumpre, nesse sentido, a função maior da poesia e da arte modernas. Para lembrar Gilles Deleuze, a propósito da obra de Marcel Proust, ela atua como uma "máquina de signos" produtora de sentidos. Não basta invocarmos a imagem do caleidoscópio, uma vez que as possibilidades combinatórias não podem ser determinadas. O que é possível determinar são os elementos macroestruturais, como se verá, detalhadamente, no capítulo primeiro deste livro. Adiantando alguns aspectos, e respeitando a primeira edição (Editora do Autor), a obra é composta de 48 poemas regidos pelo módulo do número quatro. Suas partes (a:, b:, A:, B:) possuem cada uma doze poemas, dípticos, compostos de dezesseis ou de 24 versos. São do poeta João Cabral, em texto a mim enviado, as seguintes explicações:

> As composições correspondentes às letras a/b são poemas de dezesseis versos; as composições correspondentes às letras A/B são poemas de 24 versos. As composições correspondentes às letras a/A (caixa-alta) são

INTRODUÇÃO

poemas sobre Pernambuco e Nordeste, e as composições correspondentes às letras b/B (caixa-baixa) são poemas sobre o que não é Pernambuco
nem Nordeste.

Essa máquina poética segue à risca o rigor organizacional que
controla os fluxos do espírito. "Meus poemas são superorganizados,
mas eles não nascem superorganizados" (Melo Neto, 1988, p.A31).
Nessa forma de poesia, há algo de funcional, de orgânico; todavia, essa
funcionalidade é conduzida por uma racionalidade criadora que não
permite, em nenhum momento, os dribles do espontaneísmo.
Analisar alguns dos mecanismos do funcionamento dessa
máquina é um dos objetivos deste livro. Para que se cumprisse tal
intento, foi necessário que me valesse de certos conceitos propostos
pela ciência da linguagem, como ancoradouro e não como determinação radical. Esses conceitos, como demonstrarão as análises seja de
poemas, seja da relação entre poesia e pintura valem como ponto de
apoio da metodologia utilizada na construção da metalinguagem do
"signo complexo" que é *A educação pela pedra*.

Evidentemente, a *palavra* é o *meio* específico para a produção
dessa obra de João Cabral; entretanto, outros sistemas, ou alguns
mecanismos próprios de alguns sistemas, estão em *sintonia* com o seu
sistema poético.

Consciente, portanto, do sistema complexo que subjaz à construção de *A educação pela pedra*, bem como da impossibilidade de
apreendê-lo na sua totalidade, este livro se propõe a aproximar a
câmera crítica de alguns procedimentos engendrados pela obra. Aproximar a câmera significa acionar alguns botões dessa máquina, num
exercício livre, entretanto atento para os riscos provocados pela sua
forma de montagem.

Como se sabe, a primeira obra de João Cabral, *Pedra do sono*, recebeu como epígrafe o verso "*Solitude, récif, étoile*", do poema "Salut", de
Stéphane Mallarmé, a que Antonio Candido, em artigo memorável,
alude, esperando que a coragem do então jovem poeta faça jus à escolha da epígrafe, para dar início à sua viagem. Creio ser oportuno, neste
ponto, transcrever algumas considerações de outro grande crítico e

20 TRANSIÇÃO E PERMANÊNCIA

poeta, Augusto de Campos, contidas em "Poesia, estrutura", texto realizado a propósito do processo de composição do poeta francês:

> Mallarmé é o inventor de um processo de organização poética cuja significação para a arte da palavra se nos afigura comparável, esteticamente, ao valor musical da "série", descoberta por Schoenberg, purificada por Webern, e, através da filtração deste, legada aos jovens compositores eletrônicos, a presidir os universos sonoros de um Boulez ou um Stockhausen. Esse processo se poderia exprimir pela palavra *estrutura*. Acrescentamos que o uso particular, que aqui fazemos, da palavra *estrutura*, tem em vista uma entidade medularmente definida pelo princípio gestaltiano de que o todo é mais que a soma das partes, ou de que o todo é algo qualitativamente diverso de cada componente, jamais podendo ser compreendido como um mero fenômeno aditivo. (Campos, A. de, 1991, p.177)

Contrariando, portanto, as falas de João Cabral, que insiste em afirmar que não gosta de música, a estrutura de sua poesia, o movimento conquistado pelo seu plano de expressão, é *modulada* – lembrando, *mutatis mutandis*, Mallarmé – de modo a se nos afigurar como a *estrutura* da música concreta ou da música dodecafônica. Trata-se de uma musicalidade que foge ao melodioso da música romântica, mas cria um novo conceito de melodia poética, por meio de figuras de expressão que valem como seu fio de prumo. Assonância, aliteração, paronomásia, bem como rimas internas e outros mecanismos sonoros atuam como substratos fonológicos que parecem *dizer*, independentes do plano de conteúdo. Esses componentes semissimbólicos (na visão da semiótica europeia) intensificam a engendragem do universo polissêmico de significação – significância, para Julia Kristeva –, fazendo que o plano de expressão responda, numa outra entonação, às relações travadas no plano de conteúdo.

É, portanto, por essas razões que as considerações de Augusto de Campos me fazem sentido – ou fazem sentido neste contexto de reflexões introdutórias sobre a poesia de João Cabral. Ele percebeu, sob o ponto de vista estético, a dimensão mais profunda que aproxima estruturalmente a poesia de Mallarmé às composições musicais

INTRODUÇÃO   21

daqueles que representam, numa determinada corrente estética, os passos decisivos da música eletrônica moderna.

O que compreendo dessas considerações de Augusto de Campos é que ocorre no trabalho de Mallarmé um fenômeno estético que denomino homologia estrutural, fenômeno esse que vai além das relações analógicas tão comuns entre as artes.[1]

Não se podem limitar as relações de influências na poética de João Cabral. Sua obra é o resultado de um trabalho com a palavra, mas dentro de uma concepção de sistema que lhe permite conjugar várias vertentes estéticas. Tem-se, por exemplo, a impressão de que *A educação pela pedra* conseguiu, um tempo depois, revelar, no seu sistema poético, aquilo que Le Corbusier realizou na arquitetura na sua fase revolucionária. Digo isso pelo que a obra possui de certo "dinamismo funcional", um dos aspectos mais relevantes do pensamento do arquiteto francês. Os 48 poemas são, ao mesmo tempo, autônomos e dependentes uns dos outros, apresentando procedimentos macro e microestruturais próprios de "produção em série", lembrando a tão exaltada "racionalidade das formas arquitetônicas", perseguida e conduzida por Le Corbusier.

Por um lado, então, a poesia de João Cabral parece corresponder à assonância dissonante da música contemporânea; por outro, apresenta as semelhanças estruturais difusas com a arquitetura ou com o pensamento racionalista formal de Le Corbusier e, mesmo que indiretamente, aproxima-se do racionalismo metodológico-didático de Walter Gropius. Em relação a Le Corbusier, o poeta elucida alguns pontos dessa influência, em entrevista concedida à *Folha de S.Paulo*, em maio de 1988. Segundo o poeta, aos 18 anos pôde ler todos os livros

---

1 Este trabalho conduziu-me, nos anos que se seguiram (1981-1987), à realização de outro que resultou em tese de doutoramento defendida em junho de 1988. O trabalho consiste na análise e interpretação do *topos* "*Ut pictura poesis*", na história da Literatura e das Artes. É dividido em duas partes: a primeira estuda a evolução do problema, desde o século XVI até o final do século XIX; a segunda consiste na realização de algumas análises de poemas e pinturas modernas, para mostrar a *homologia estrutural* entre elas. Para introduzir essa última parte do trabalho, são determinados procedimentos estéticos similares entre poesia e pintura, a partir de um texto literário de Marcel Proust.

22 TRANSIÇÃO E PERMANÊNCIA

de Le Corbusier: "Confesso que nenhum filósofo, nenhum esteta, nenhum crítico, nenhum teórico da literatura influiu sobre minhas ideias sobre arte como Le Corbusier" (1988). Se *"Solitude, récif, étoile"* foi a epígrafe de *Pedra do sono*, *"machine à émouvoir"*, expressão do grande pensador e arquiteto francês, foi a epígrafe da obra *O engenheiro*, de 1945. Ao falar dela, João Cabral explica: "Le Corbusier definiu uma vez a casa, no bom tempo dele, como uma máquina de morar. Uma vez li um artigo dele, que não sei localizar, mas era uma revista de pintura, em que um quadro era uma *'machine à émouvoir'*, quer dizer, uma máquina a comover, a emocionar. Então, foi minha ideia de poesia, uma máquina de emocionar" (ibidem). Entretanto, *A educação pela pedra*, de 1965, ano da morte de Le Corbusier, é posterior a outros movimentos estéticos que também influenciaram João Cabral. Entre eles, mais que o Surrealismo, o Cubismo com suas fragmentações figurativas e, eu diria, o racionalismo formalista, determinante do Neoplasticismo holandês. O "método do olhar" de João Cabral, em vários sentidos, demonstrou ter-se valido do sintetismo neoplástico, por exemplo, de Piet Mondrian. Não só em poemas dedicados ao pintor ("O sim contra o sim", "No centenário de Mondrian"), mas sobretudo, como se verá neste livro, em procedimentos estruturais utilizados pelo poeta, que lembram os do artista plástico holandês. Daí concluir que o que se tem nessa forma de poesia é uma espécie de *sincretismo* adquirido *através* e *na* palavra reestruturada no seio da criação. Exercitando em tantas dimensões a iconicidade do discurso poético, João Cabral parece ter conseguido o que Eugenia Coseriu denomina *linguagem*, isto é, a manifestação máxima da potencialidade da linguagem, em que o plano de expressão e o plano de conteúdo são amalgamados de tal modo que novas dimensões de sentido se desdobram no interior do TEXTO.

Assim sendo, as relações que acabam se estabelecendo entre esse tipo de poesia e um *leitor* (no sentido de leitor *interativo* proposto pela teoria da recepção) vêm ao encontro daquilo que Paul Valéry chama de "efeito mais desejável" entre uma obra e o seu receptor. Para o poeta e crítico francês que tanto influenciou João Cabral, o efeito mais desejável é "aquele que seria produzido por uma obra cuja impressão imediata recebida, o choque inicial, e o julgamento que dela se faz com

INTRODUÇÃO   23

calma, refletidamente, examinando sua estrutura e sua forma, se opo-
riam entre si o menos possível; mas que, ao contrário, se harmoniza-
riam com a análise e o estudo, confirmando e aumentando a satisfação
do primeiro contato" (Valéry, 1975).

O *sincretismo* que determina a construção de *A educação pela
pedra*, marcado pela presença de procedimentos próprios de outros
sistemas, não retira de seu "meio" a especificidade de sua natureza.
Ao contrário, a palavra adquire, no espaço dos poemas, uma acentuada intensidade. A poesia de João Cabral resgata a palavra. Rein-
venta-a, tornando-a, mais que designadora de algo, indicial, icônica e
até mesmo gestual. Seu modo de construção problematiza o próprio
conceito de referente, suscitando, enquanto TEXTO, manifestações
plurisotópicas. Essas manifestações se dão nas relações, nem sempre
biunívocas, entre plano de expressão e plano de conteúdo.

São formas de composição que confirmam e, em certa medida,
iluminam as linhas mestras da poesia moderna. Elas se aliam à
tradição dessa poesia que encontrou suas raízes mais fecundas em
Edgar Allan Poe, S. T. Coleridge, Novalis e Baudelaire, evoluindo
destes para Mallarmé e Rimbaud. Absorvida e transformada por
poetas decisivos do Imagismo anglo-americano (Ezra Pound, T. S.
Eliot), essa poesia vai encontrar sua continuidade crítica, entre outros,
em poetas como e. e. cummings, João Cabral de Melo Neto e William
Carlos Williams.

No caso de João Cabral ou da poesia por ele construída, o que
denomino formas de composição são aspectos de linguagem que subvertem o que se compreende por linguagem comum, num processo de
elaboração em todos os níveis. Na tese apresentada à secção de poesia
no Congresso Internacional de Escritores em São Paulo, em 1954, chamada "Da função moderna da poesia", diz o poeta:

> Esse enriquecimento da poesia moderna manifestou-se principal-
> mente nos seguintes aspectos: *a.* na estrutura do verso (novas formas
> rítmicas, ritmo sintático, novas formas de corte e "*enjambement*"); *b.* na
> estrutura da imagem (choque de palavras, aproximação de realidades
> estranhas, associação e imagística do subconsciente); *c.* na estrutura das
> palavras (exploração dos valores musicais, visuais e, em geral, sensoriais

24 TRANSIÇÃO E PERMANÊNCIA

das palavras; fusão ou desintegração das palavras; restauração ou invenção de palavras, de onomatopeias); *d*. na notação da frase (realce material de palavras, inversões violentas, subversão do sistema de pontuação); e *e*. na disposição tipográfica (caligramas, uso de espaços brancos, variações de corpos e famílias de caracteres, disposição simétrica dos apoios fonéticos ou semânticos). (Melo Neto, 1957, p.312)

Esses aspectos, integrados a outros que não podem ser enumerados, articulam-se na técnica inventiva de João Cabral, resultando numa poesia que atua como palco móvel para descobertas a serem recifradas pelo leitor. Esse tipo de discurso, para falar com Viktor Chklovski, forma-se como um engendramento de imagens, cujo revestimento verbal e modo de articulação constroem o que se pode chamar de *patamar da iconicidade*. Estendendo-se do âmbito das linguagens plásticas e atingindo a linguagem literária, a caracterização icônica do discurso poético, nesse sentido, deve ser compreendida, como propõem Algirdas Julien Greimas e Joseph Courtés, em termos de *intertextualidade*. Esse termo, introduzido pelo semioticista russo Mikhail Bakhtin e, a partir daí, interpretado das mais variadas formas, deve aqui ser compreendido em sentido específico, em que o discurso literário (semiótica construída), ao se realizar por revestimento exaustivo do plano figurativo, cria um intertexto com as semióticas naturais e produz "ilusão referencial". Plasmadas, portanto, no interior do discurso, as imagens de *A educação pela pedra* tangem, imitam e transformam, numa forma lúdica de simultaneísmo isotópico, as mais cristalizadas concepções de referente e/ou de realidade.

Entretanto, se o fio condutor dessa obra está na relação intertextual entre a realidade construída *pela* e *na* linguagem e a realidade "natural" delimitada pelos olhos sociais, a sua referencialidade interna é criada tendo em vista seu próprio sistema: cada poema parece surgir como ponto central, intermediário ou final do percurso dos demais poemas da obra.

É no movimento intertextual que se articula, portanto, o sistema poético de *A educação pela pedra*. No interior de cada poema (discurso poético autônomo), sucedem-se processos de construção, de reprodução ou de transformação de modelos mais ou menos implícitos. O

INTRODUÇÃO 25

movimento que se estabelece nessa forma de composição é gerativo, isto é, os poemas se remetem e demarcam a dimensão dialética entre o todo (sistema geral da obra) e as partes (sistema autônomo de cada poema). Além dos procedimentos utilizados entre as semióticas verbais, ocorrem aqueles que aproximam os sistemas verbais dos pertencentes a outras semióticas. Daí, no presente estudo, apresentarmos análises de três tipos de intertextualidade manifestados na obra: *autotextualidade, intertextualidade, intersemioticidade.*

No primeiro capítulo, o livro é apresentado. Explicitam-se sua macroestrutura e alguns de seus procedimentos de linguagem como forma de localização de *A educação pela pedra* no conjunto da obra de João Cabral. Como ponto de partida para abordagens analíticas, realizo a leitura do poema "Dentro da perda da memória", pertencente à sua primeira produção, *Pedra do sono*, de 1942.

A leitura desse poema é fundamental, seja pela "consciência construtiva" que já se manifestava em João Cabral, seja pela proximidade de sua poesia aos procedimentos utilizados por sistemas semióticos plásticos (por um certo Surrealismo e pelo Cubismo, cada vez mais presente em trabalhos futuros). A seguir, como contraparte do primeiro, analiso o poema-título "A educação pela pedra", como forma de busca de uma tipologia estrutural capaz de empreender a realização das pesquisas intertextuais. O poema conforma um *modelo* no qual se podem apreender estratégias poéticas que nortearão a antilira cabralina.

Na segunda parte do primeiro capítulo, o ponto básico discutido pelo trabalho é a apresentação da estrutura quadrangular da obra, bem como da relação entre as formas tradicionais da lírica transformadas nos módulos composicionais da antilira de João Cabral. Analisar-se-á a questão da oposição simetria/dissimetria e do uso de quadrados e retângulos na formação dos blocos estróficos dos poemas. A geometrização evidenciada pelos textos conduz a uma imprescindível aproximação dos mesmos a mecanismos utilizados por artistas plásticos modernos, principalmente pelo Neoplasticismo de Mondrian.

Partindo da leitura de "Tecendo a manhã", poema alegórico de natureza anfíbia, seja pela representação do ato de criação, seja pela representação do processo de formação das ideologias, o segundo

26 TRANSIÇÃO E PERMANÊNCIA

capítulo se compõe de movimentos remissivos e, portanto, intertextuais. Trata-se de leituras que marcham num fluxo contínuo, como se buscassem relações homológicas entre o sistema da obra de João Cabral e o meu sistema de metalinguagem crítica. Baseando-me na teoria de Gérard Genette e Lucien Dallenbach, todavia guiado pelas vozes dos poemas, tento mostrar uma parte do movimento de *autotextualidade* (intertextualidade no interior de um poema ou remissão do texto para si mesmo) e de *intertextualidade* (o diálogo discursivo entre textos da mesma obra). No andamento das análises, vários são os momentos em que a questão do visual, do icônico, é salientada por meio da amostragem, às vezes fonológica (figuras de expressão), às vezes intersemiótica (homologia entre conteúdo de signos verbais e expressão plástica).

Dentro desse percurso de relações intertextuais, proponho no terceiro capítulo do livro uma abertura do leque do sistema poético de João Cabral. Uma das mais complexas composições de *A educação pela pedra* dialoga com um poema de *Quaderna*, de 1959, chamado "Estudos para uma bailadora andaluza". Trata-se do texto "Dois P.S. a um poema". Considerando a afirmação de André Malraux segundo a qual "a obra de arte não é criada a partir da visão do artista, mas a partir de outras obras" (apud Greimas; Courtés, 1979, p.72), essa parte do trabalho tenta mostrar a intersecção de dois discursos num só poema. A relação que se estabelece ratifica aquela afirmação gestaltiana já referida neste trabalho, de que o todo é mais que a soma das partes. Em "Dois P.S. a um poema", Cabral leva ao limite extremo, à zona assintótica, as questões de semelhança e diferença entre o código verbal e o código plástico.

Intersemioticidade: João Cabral/Joan Miró

Mesmo sendo próprio da semiótica literária, o revestimento exaustivo das figuras de modo a produzir pela iconicidade, ilusão referencial, o que ocorre na poesia de João Cabral é um tipo especial de figurativização, em que se reconhece certo *isomorfismo*, isto é, identidade formal da estrutura do sistema poético com outros sistemas.

INTRODUÇÃO

Entre eles, por razões que serão elucidadas adiante, elegi o sistema plástico para o estabelecimento das relações comparativas. Conhecida é a predileção do poeta pelas artes plásticas e mesmo as relações analógicas entre sua poesia e o código plástico. Acreditando que elas se dão à base de *homologias estruturais*, este trabalho se propôs a perscrutar as estruturas fundamentais de *A educação pela pedra* naquilo que mais intensamente revela de mobilização da palavra e da sintaxe poética, dentro do que se poderia denominar "poesia do olho", poesia essa que só é possível frequentar se munido dessa predisposição do olhar voltado para uma dimensão integradora do signo verbal à sua potencialidade icônica. Essa forma de integração na poesia de João Cabral se dá num processo de alegorização em que a metáfora adquire uma intensidade de imagem recuperadora do enigma. Esse tipo de metáfora é previsto pela semiótica americana de Charles Peirce (1977, p.64), que, ao definir o signo icônico, assim propõe as tipologias:

> Os hipoícones, grosso modo, podem ser divididos de acordo com o modo de Primeiridade de que participem. Os que participam das qualidades simples, ou Primeira Primeiridade, são *imagens*; os que representam as relações principalmente as diáticas, ou as que assim são consideradas, das partes de uma coisa através de relações análogas em suas próprias partes, são *diagramas*; os que representam o caráter representativo de um representâmen através da representação de um paralelismo com alguma outra coisa, são *metáforas*.

O princípio básico do hipoícone metafórico de Peirce atua como limite máximo entre os dois códigos em questão: o poético e o pictórico. Ao analisar o discurso figurativo de natureza metafórica, Paul Ricœur se vale dessa definição peirciana e conclui que é próprio do ícone conter uma dualidade interna que é superada, e que o discurso figurativo é, portanto, um discurso que "leva a que se pense uma coisa qualquer, considerando outra coisa qualquer de semelhante: é isto que constitui o modo icônico de significação. [...] Se existe um elemento icônico na metáfora, é igualmente claro que o *ícone não é apresentado*, mas simplesmente descrito" (Ricœur, 2000, p.286). Ao afirmar que o princípio básico do hipoícone metafórico de Peirce atua como limite

28 TRANSIÇÃO E PERMANÊNCIA

máximo entre os dois códigos em questão, quero dizer que, da mesma maneira que a metáfora composta pela interação de um complexo de palavras as recria, nomeando o inominável, as imagens visuais se articulam de modo especial, e, num complexo de índices icônicos, rompem com o referente de que partem e sugerem ou criam outros não identificáveis de modo imediato.

Com base nesse princípio retórico, em que a metáfora é considerada núcleo dos procedimentos do trabalho de arte, é que pude perceber as últimas relações estruturais entre a poesia de João Cabral e a pintura de Joan Miró. Entretanto, a descrição do fenômeno só foi possível após exaustivo envolvimento com os dois sistemas artísticos, isoladamente.

No caso da poesia de João Cabral, como adiantei, meu contato se deu de maneira centrípeta, numa interação direta com o discurso poético, vendo no texto um tipo eficiente de linguagem cujo plano de expressão se manifesta homólogo ao plano de expressão da linguagem da pintura. Foi essa relação que me conduziu ao reconhecimento de proximidades tão grandes de procedimentos entre as obras dos dois artistas. Ao longo de pesquisas sobre os interesses do poeta pelo trabalho do pintor catalão, percebi que, no sincretismo manifestado pela poesia de Cabral, havia ocorrido um "aprendizado" difuso das "lições" de Miró.

É no esboço do gesto, na superação ou na transposição do referente, nessa dupla forma de fabricação do real, que também se configura a obra desse artista plástico. Conhecida é a relação de semelhança entre seus procedimentos criativos com o sistema poético, apesar da diferença natural entre os seus meios expressivos. A maioria de seus quadros resulta numa forma de manifestação orgânica, composta de dois ou mais códigos: índices visuais, signos icônicos e índices verbais iconizados. Como em Cabral, Miró exercita criando e consegue responder ou confirmar o tão antigo aforismo de Simônides: a pintura é uma poesia muda; a poesia, uma pintura que fala. Entretanto, Miró não apenas confirma o aforismo, mas também o problematiza num plano elevado de tensões entre os códigos. Em muitos casos, a expressão plástica se mantém nos limites, em forma de conflito entre a palavra e a imagem. Pensando nos inúmeros artistas modernos cujo

INTRODUÇÃO

trabalho de representação foi mais questionado no espaço da tela, ouso afirmar que é na obra de Joan Miró que assisto à mais intensa profusão entre códigos não verbais e códigos verbais. Digo isso depois de muitos anos de empenho, em busca da compreensão do clássico *topos* horaciano "*Ut pictura poesis*", encontrar em Joan Miró aspectos estruturais importantes para a confrontação das relações. Toda a sua trajetória de produção estética demonstra completa entrega do pintor espanhol a essa causa. Desde o início de sua produção, esteve sempre preocupado com os procedimentos da criação poética e as várias fases de seu trabalho são caracterizadas por formas de relação entre a forma icônica e a palavra. Entre elas, para citar apenas dois exemplos, são conhecidos os trabalhos baseados ou "motivados" nos caligramas de Apollinaire, o mesmo ocorrendo com a poesia de Mallarmé. Existe um quadro de Miró, *Le corps de ma brune...*, de 1925, considerado por ele simples ilustração, que considero uma das magníficas realizações do pintor. Nesse quadro, Miró funde ao código plástico dois poemas ou fragmentos de poemas: um de Apollinaire e outro, chamado "Les deux serpents qui burent trop de lait", de Saint-Pol-Roux. Similares a esse trabalho, outros realizou o pintor, como é o caso de *L'azur*, baseado no poema de Mallarmé com o mesmo título.

No caso de João Cabral, como já salientei, foi ele que sempre revelou certa predileção pelos procedimentos artísticos de Miró, chegando a escrever o grande ensaio "Miró", em 1950, ilustrado pelo próprio pintor, período em que o poeta tentava compreender certos pintores para melhor entender a sua poesia.

Wassily Kandinsky, na obra *De lo espiritual en el arte*, discutindo essas relações entre os diferentes sistemas artísticos do século XX, diz que nessas épocas em que as artes mais lutaram para atingir suas autonomias, voltadas para seus próprios sistemas, mais se aproximaram umas das outras. Para ele, "uma arte pode aprender da outra o modo com que se serve de seus meios para depois, por sua vez, utilizar os seus da mesma forma; isto é, segundo o princípio que lhe seja próprio exclusivamente" (Kandinsky, 1981). Essa correta reflexão elucida um fenômeno que se desenvolveu ao longo de muitos séculos, atingindo seu ponto extremo no Ocidente no final do século XIX. Nunca houve, como nesse período, contatos tão intensos entre poetas, escultores,

30 · TRANSIÇÃO E PERMANÊNCIA

pintores e músicos, principalmente na França: uma forma de os artistas manifestarem sua consciência a respeito da potencialidade de seus meios de produção estética. Como resultante desse processo, acelerou-se o desenvolvimento da ciência da linguagem e o reconhecimento da existência de outras formas de linguagem que, produtoras de expressividade, são capazes de estabelecer interação comunicativa.

Consequentemente, as formas de avaliação do trabalho de arte tiveram de buscar recursos novos, novos mecanismos de análises de estruturas cada vez mais sincréticas. Ao realizar esse verdadeiro intercâmbio entre seus códigos ou entre procedimentos que lhes são próprios, cada arte passou a ampliar os campos de possibilidades de seus meios, elevando-os, às vezes, ao grau máximo de suas potências.

No presente estudo, limitei-me à aproximação do processo criativo de João Cabral e de Joan Miró, buscando certos pontos convergentes quanto a procedimentos por eles utilizados. Nesse sentido, o que denomino *intersemioticidade* é a presença de certos modelos estruturais criados pelo pintor (marcadamente intertextuais) que também ocorrem, de modo homólogo, nas composições do poeta.

Essas abordagens correspondem ao último capítulo deste livro, cujo título, "Transição e permanência", justifica-se, como se verá, na ética e na estética dos dois artistas.

São Paulo, outubro de 1988

EPITÁFIO

Salvo os amorosos principiantes ou findos que querem principiar pelo fim há tantas coisas que findam pelo princípio que o princípio principia a findar por estar no fim o fim disso é que os amorosos e outros findarão por principiar a reprincipiar por esse princípio que terá findo por não ser mais que o fim retornando o que principiará por ser igual à eternidade que não tem nem fim nem princípio e terá findo por ser também finalmente igual à rotação da terra onde se findará por não distinguir mais onde principia o fim e onde finda o princípio o que é todo fim de todo princípio igual a todo princípio final do infinito definido pelo indefinido. – Igual um epitáfio igual um prefácio e vice-versa.

TRISTAN CORBIÈRE

CAPÍTULO 1

A educação pela pedra

RUPTURA E CONSCIÊNCIA

O NÚMERO QUATRO

O número quatro feito coisa
ou a coisa pelo quatro quadrada,
seja espaço, quadrúpede, mesa,
está racional em suas patas;
está plantada, à margem e acima
de tudo o que tentar abalá-la,
imóvel ao vento, terremotos,
no mar maré ou no mar ressaca.
Só o tempo que ama o ímpar instável
pode contra essa coisa ao passá-la:
mas a roda, criatura do tempo,
é uma coisa em quatro, desgastada.

JOÃO CABRAL DE MELO NETO,
Museu de tudo

I

Dotada de permanência simbólica desde os tempos primitivos, a pedra, objeto lítico de natureza mineral, serviu como ponto de aproximação e como metáfora do insólito, que envolve a trajetória da poesia de João Cabral de Melo Neto.

Como dois polos do trabalho poético de representação da realidade, *Pedra do sono* (Melo Neto, 1968)[1] e *A educação pela pedra* (idem, 1966)[2] se diferenciam extremamente quanto à sua maneira de expressar e se identificam extremamente no que se refere à aproximação de uma certa "natureza essencial", que para o universo mítico é próprio do caráter atemporal da pedra.

Pedra do sono, primeiro livro de João Cabral, é de 1942 e representa o ato inaugural de um procedimento poético que se mantém vivo na busca da sua natureza inventiva, onde o universo por ela revelado é ponto de partida para recomeçar um novo caminho. Naquela

---

1 Em *Poesias completas (1940-1965)*. Apenas seguem essa edição os poemas citados pertencentes a outras obras do autor, que não *A educação pela pedra*.
2 Todas as citações de poemas pertencentes à obra referida seguem essa edição.

38   TRANSIÇÃO E PERMANÊNCIA

obra, Cabral "exibia ainda as impregnações do alogicismo surrealista" (Campos, H. de, 1970, p.69), mas já revelava o gosto pelo concreto, a preferência pela imagem visual, com o uso do substantivo concreto. Composta de vinte poemas, *Pedra do sono*, significando um período de latência, apoia-se na própria expressão do sonho como manifestação dos fluxos do inconsciente.

Em "Poesia ao norte", artigo publicado na *Folha da Manhã* em 1943 (e reeditado pela revista *José*, em dezembro de 1976), Antonio Candido consegue perceber de forma arguta as coordenadas de *Pedra do sono*, prevendo no discurso poético do livro um prosseguimento possível, minado de tensão crítica, sobre a realidade do mundo que representa e a realidade da forma imitadora desse mundo. Assim diz o crítico:

> O sr. João Cabral de Melo Neto tem como epígrafe do seu livro o desafio heroico de Mallarmé. *"Solitude, récif, étoile..."* Com razão, porque *Pedra do sono* é *uma aventura arriscada*. O seu ponto de partida são as *imagens livremente associadas* ou *pescadas no sonho*, sobre as quais o autor *age como coordenador*. É esta disposição poética que caracteriza o livro de João Cabral de Melo Neto. [...]
>
> *Pedra do sono* é a obra de um poeta *extremamente consciente*, que procura construir um mundo fechado para a sua emoção, a partir da escuridão das visões oníricas. Os poemas que o compõem são, é o termo, *construídos com rigor*, dispondo-se os seus elementos segundo um critério seletivo, em que se nota a ordenação vigorosa que o poeta imprime ao material que lhe fornece a sensibilidade. Disso já se depreendem as *duas características* principais desses poemas, tomados em si: *hermetismo e valorização plástica das palavras*. (Candido, 1943, p.9)

Realmente, em *Pedra do sono* o que se percebe é uma experimentação poética arriscada. Isso porque existem dois polos que se relacionam no interior de cada poema. De um lado, "aspectos que se sucedem como visões encadeadas que visitam o espírito adormecido" (Nunes, 1974d, p.35) e, por outro, uma consciência ordenadora, observadora, que persegue essas visões, conferindo-lhes uma natureza extremamente coesa; única e expressiva.

A EDUCAÇÃO PELA PEDRA

Apesar do aspecto onírico que parece significar a fonte dessa poesia, o que se demonstra na estrutura dos poemas é uma construção acordada, explícita, que se vale dos arquétipos mais representativos do Homem, manifestados no universo do sonho. Dois polos da realidade conseguem coexistir no espaço único da linguagem poética, atuando como ancoradouro dessa conjunção. São "faces de um mundo onírico – composto de palavras-chave, fragmentos de infância, desejos reminiscentes, que ligam o visível ao invisível" (ibidem, p.35). Essa maneira de composição, muito próxima das composições pictóricas dos surrealistas, não apresenta "sequência verbal – no sentido da ligação discursiva – mas tão somente esforço de sugestão emotiva pela simples força dos vocábulos" (Candido, 1976, p.73-74). Em alguns poemas, os vocábulos de sugestão atingem dimensões mais amplas, onde ao temário arquetípico próprio das composições de Salvador Dalí e Max Ernst se unem manifestações reflexivas sobre o próprio fazer poético. É o caso do poema "Dentro da perda da memória", um dos mais bonitos poemas do livro, onde também se processa a conjunção de realidades a que já me referi. Passando à leitura do texto, tem-se:

Dentro da perda da memória
uma mulher azul estava deitada
que escondia entre os braços
desses pássaros friíssimos
que a lua sopra alta noite
nos ombros nus do retrato.

E do retrato nasciam duas flores
(dois olhos dois seios dois clarinetes)
que em certas horas do dia
cresciam prodigiosamente
para que as bicicletas de meu desespero
corressem sobre seus cabelos.

E nas bicicletas que eram poemas
chegavam meus amigos alucinados.

40 TRANSIÇÃO E PERMANÊNCIA

Sentados em desordem aparente,
ei-los a engolir regularmente seus relógios
enquanto o hierofante armado cavaleiro
movia inutilmente seu único braço.

O que se evidencia em primeiro plano são as desconexões semânticas, a partir de uma estruturação sintática regular. Dividido em três estrofes, seis versos por estrofe, o poema possui divisão métrica irregular e apresenta uma sequência de imagens oníricas onde as relações temporal e espacial se confundem logo no primeiro verso: "Dentro da perda da memória/ uma mulher azul estava deitada". Apesar da coerência sintática que conduz as palavras, existem algumas relações semânticas entre os signos que rompem com a expectativa do leitor. O poema se inicia buscando o espaço mágico no qual todas as imagens vão se organizando e conjugando os temas básicos do Surrealismo: o sonho, os instintos sexuais, a oposição morte/vida e o tempo.

Na primeira estrofe, as imagens revelam distanciamento temporal e se instauram num plano que transcende uma visualização imediata. Imagens tais como "mulher azul", "pássaros friíssimos", "lua sopra alta noite", "ombros nus do retrato" realizam o clima noctâmbulo do texto, trazendo à tona algumas possibilidades de relações entre si. O sonho ligado à etérea imagem de mulher (sexualidade e morte) sugere ao mesmo tempo a ideia de liberdade presa pelos braços (imagem alada). A agudeza da imagem se acentua com a expressão "pássaros friíssimos", que foneticamente se desliza pelo uso das sibilantes utilizadas e do fonema /i/ como sílaba tônica da sensação sugerida pelo poema. Nesse sentido, os aspectos sinestésicos sugerem imagens e sensações com maior intensidade, e conduzem o leitor por uma direção nova, como se educassem a nossa óptica de leitura; o que é diferente da lírica clássica, cuja estrutura do discurso vem quase sempre ao encontro de nosso caminho de leitura. O último verso da primeira estrofe atualiza duas imagens metonímicas, "nos ombros nus do retrato", conferindo ao poema uma impressão de emolduragem, de imagem fotográfica ou pictórica, como se se tratasse de um quadro cujos contornos se confundissem com a própria figura central, "mulher azul".

A EDUCAÇÃO PELA PEDRA   41

Cada estrofe é encerrada por um ponto-final, simulando uma conclusão parcial daquilo que enuncia. Porém, não é isso o que ocorre no universo semântico.

Assim como a primeira estrofe retoma o título do poema, a segunda e a terceira retomam a ideia que encerra a estrofe anterior. Como bolhas em estado de fermentação química, imagens vão gerando estrofes dentro da perda da memória. "E do retrato nasciam duas flores/ (dois olhos dois seios dois clarinetes)/ que em certas horas do dia/ cresciam prodigiosamente/ para que as bicicletas de meu desespero/ corressem sobre seus cabelos." Essa estrofe, sendo a segunda do poema, atua, em certo sentido, como mediadora entre os dois polos de representação anteriormente discutidos. Por isso, é fundamental compreendê-la naquilo que possui de essencial. Daquele retrato disforme que encerrou a primeira estrofe, vão surgindo novas imagens, "nascem duas flores". Mas, para dizer com o Benedito Nunes ao analisar *Pedra do sono*, as duas flores surgem num "palco móvel", cujo "espaço aberto é ilimitado" (Nunes, 1974d, p.36), e confere indeterminação e inconsistência às próprias imagens. As "flores" que surgem são desobjetivadas, descarnadas pelos sinais de parênteses que sucedem a elas, parênteses esses que são portadores de possibilidades substitutivas de flores, "(dois olhos dois seios dois clarinetes)", criando, assim, uma comunhão indissolúvel entre a criação da poesia e a ocorrência do sonho. A ausência de vírgulas entre as três imagens isoladas pelos parênteses e o uso da contiguidade metonímica intensificam a relação de proximidade entre o poema e a pintura cubista e a surrealista. Sobre essa aproximação, diz Antonio Candido (1976, p.74):

> Não a chamo, porém, de cubista, porque não é só isso. O seu cubismo de construção é sobrevoado por um senso surrealista de poesia. Nessas duas influências – a do Cubismo e a do Surrealismo – é que julgo encontrar as fontes de sua poesia. Que tem isso justamente de interessante: engloba em si duas correntes diversas e as funde numa solução bastante pessoal.

E a segunda estrofe continua a se desenvolver, fazendo surgirem e ressurgirem imagens dentro da perda da memória, presentificando

42 TRANSIÇÃO E PERMANÊNCIA

o próprio trabalho de criação. Mas, apesar de a existência do poema depender de um estado de amnésia com relação ao antigo, aos modelos estereotipados, "à memória fonte do costume" (Andrade, O. de, 1975, p.51), a sua maneira de existir revela uma consciência "acordada" que se lembra a cada traço inventado da sua relação com o traço precedente e com aquele que lhe vai suceder. A impessoalidade mantida durante a primeira estrofe é rompida no quinto verso da segunda estrofe, pela atualização do pronome possessivo "meu", revelando a inclusão de um "eu" de natureza dúbia, porém condutor de um processo de transformação dos conteúdos vivenciados, psicologicamente, em experiência poética.

As imagens que vieram "emergindo" e se coordenando pelos versos do poema "crescem prodigiosamente", "em certas horas do dia"; como se a vivência psíquica, consciente e inconsciente, que se movimenta em nosso dia a dia fosse restaurada e ao mesmo tempo transubstancializada pela máquina do poema. E essa noção é correspondida pelos versos "para que as bicicletas de meu desespero/ corressem sobre seus cabelos". Há três elementos imagéticos que consideramos fundamentais nesses versos: "bicicletas de meu desespero", "corressem" e "seus cabelos". No signo "bicicleta" estão implícitos alguns semas tais como "mecanização", "circularidade" e "direcionalidade". Já o signo "cabelos" nos remete a "fios", parte do ser humano. Da relação "bicicleta correndo sobre cabelos" captamos uma movimentação complexa, uma mistura emaranhada. Deve-se acrescentar que as bicicletas são "de meu desespero". Sendo assim, cria-se a oposição máquina/desespero. Enquanto "máquina" é conduzida, controlada pela racionalização do homem, "desespero" é totalmente emocional, fugindo à ideia de controle. Conjugados no processo da criação, os fluxos emocionais do poeta e a lucidez racional parecem constituir o que Paul Valéry (1938, p.149) denomina de "pensamento abstrato".

São ainda do poeta e ensaísta francês estas palavras:

> *mais leurs significations, leurs relations et leurs modes de variation et de substitution sont tout autres et nous représentent sans doute comme des symboles ou des allégories, les fluctuations immédiates de notre sensibilité générale, non contrôlée par les sensibilités de nos sens spécialisés. C'est à*

A EDUCAÇÃO PELA PEDRA   43

peu près de même que l'état poétique *s'installe, se développe, et enfin se désagrège en nous.* (ibidem, p.149)[3]

No poema se conjugam a inspiração, a força impulsiva do artista à sua necessidade de arquitetar, de construir, de "maquinar" o poema, elevando-o da linguagem de inspeção da realidade à linguagem de captação do real. Deve-se notar que as experiências diurnas do artista crescem prodigiosamente no estado poético. Desse estado de vivência passa para o estado de construção do poema. As construções imagéticas criadas nas duas primeiras estrofes evoluem na terceira como um processo gradativo que vai se conduzindo a um desfecho: "E nas bicicletas que eram poemas/ chegavam meus amigos alucinados./ Sentados em desordem aparente/ ei-los a engolir regularmente seus relógios/ enquanto o hierofante armado cavaleiro/ movia inutilmente seu único braço". Iniciada pelo conectivo "e", a terceira estrofe nos conduz a dois níveis de relações. O primeiro nível se constitui das imagens que "brotam" dentro da perda da memória, completando o cenário surrealista das estrofes anteriores. Elementos tais como "bicicletas-poemas", "amigos alucinados", "relógios engolidos regularmente", "hierofante de único braço" são todos eles dotados aparentemente de irregularidades semânticas que vão, porém, encontrando seus "lugares" de sentido a partir do momento em que conduzem a um segundo nível de leitura.

O dinamismo sugerido pelas imagens pode metaforizar o processo de criação se relacionarmos os dados fornecidos da seguinte forma: "nas bicicletas de meu desespero", que aparece no final da segunda estrofe, reaparece como espaço simbólico no início da terceira, como poemas que se formam dentro da perda da memória. Como resultado do universo noturno do sonho (primeira estrofe) e junção com a claridade diurna (segunda estrofe), a terceira estrofe narra essa conjunção dos dois planos que concorrem no processo de criação. E, ao mesmo

---

3 "mas seus significados, suas relações e seus modos de variação e substituição são bastante diferentes e nos representam sem dúvida como símbolos ou alegorias, as flutuações imediatas da nossa sensibilidade *geral*, não controlada pelas sensibilidades dos nossos sentidos *especializados*. É mais ou menos do mesmo modo que o *estado poético* se instala, se desenvolve e finalmente se desagrega em nós." (tradução do editor)

44 TRANSIÇÃO E PERMANÊNCIA

tempo que o processo é narrado, o poema vai se realizando, vai se organizando de forma especial, engendrando imagens e produzindo possibilidades de sentido. Os signos se coordenam com outros signos "em desordem aparente", pois as rupturas semânticas são contínuas. O poema gera semioses ilimitadas onde "meus amigos alucinados" que chegam "nas bicicletas-poemas" se revertem nas próprias imagens que vão se "organizando" no espaço do poema. O uso da indicação no início do quarto verso chama a atenção do leitor para a nova imagem por ela introduzida: "ei-los a engolir regularmente seus relógios". A própria imagem vai "engolir regularmente" a noção de narratividade cronológica para ceder lugar a uma atemporalidade inerente ao próprio poema. A atemporalidade do trabalho artístico é metaforizada nos dois últimos versos com a imagem do hierofante (cultor de ciências ocultas) armado cavaleiro, símbolo condutor do Tempo, que move inutilmente seu único braço. O Tempo rompido e mutilado, apesar da armadura que o protege, parece confirmar a *perda* da memória, imagem dominante no desenvolvimento do texto.

Para Antonio Candido (1976, p.74),

este poema é dos mais belos do autor, e nele encontramos todas as características da sua poesia. Percebemos imediatamente que o vago fio discursivo é apenas o zigue-zague associativo através do qual o poeta vai construindo solidamente as imagens que são, ao mesmo tempo, os elementos significativos e o arcabouço do poema. [...] E assim quase todos os poemas de *Pedra do sono* revelam o jogo associativo das imagens, privilegiando os valores plásticos das palavras, a sua natureza concreta apesar de uma elaboração peculiar que confere um teor de abstração tão grande que, na maioria dos poemas, pode-se dizer hermética. O erro da sua poesia é que, construindo o mundo fechado, ela tende a se bastar a si mesma. Ganha uma beleza meio geométrica e se isola, por isso mesmo, do sentimento de comunicação que justifica neste momento a obra de arte. Poesia tão autonomamente construída se isola no seu hermetismo.

Parece-me que, apesar daquele construtivismo próprio das imagens surrealistas e cubistas (que no âmbito da linguagem verbal passa

A EDUCAÇÃO PELA PEDRA 45

a dificultar sobremaneira uma relação comunicativa com o fruidor), tomando como exemplo o poema analisado, pode-se já perceber naquele primeiro livro de João Cabral uma "consciência acordada", como foi dito no desenvolvimento da análise, para o processo de criação, como se se tratasse do início de uma busca incessante que as obras subsequentes iriam desenvolver.

Pedra do sono representa, portanto, o ato inaugural do procedimento poético que se mantém vivo na busca da sua natureza inventiva. Sobre esse aspecto diz Sérgio Buarque de Holanda (1978, p.172-173):

> No próprio pórtico do livro com que se estreou em 1942, um dos seus companheiros e amigos, Willy Lewin, menciona expressamente o grande apreço que o autor votava então a Mallarmé e a Valéry, embora acrescentando que seus versos em nada se assemelhavam aos de "L'après-midi d'un faune" ou aos do "Cimetière marin". Com efeito, não se assemelhavam. O que para aqueles mestres, especialmente o primeiro, foi muitas vezes uma fuga da idealidade das puras abstrações, era aqui uma tentativa de imersão nos abismos do subconsciente e do irracional.
>
> Já o título do livro – *Pedra do sono* – faz pensar nas famosas receitas de delírio elaboradas pelo Surrealismo.
>
> Mas a aproximação não pode ir demasiado longe sem o risco de algum equívoco. Em vez de optar por uma linguagem noturna, o que o poeta buscou, através desta experiência, foi, antes, desembaraçar-se cada vez mais, em busca de uma claridade mais viva e plenamente consciente, dos sedimentos de ideias que, acumuladas ao longo dos séculos, servem para ocultar a face da realidade. Numa arte bem governada como a sua, o automatismo psíquico, embora largamente teórico, que praticavam os surrealistas, era de todo inutilizável. Mas, por outro lado, descortinando um mundo secreto e mal desbravado, ele ajudava a revogar convenções longamente arraigadas nos espíritos. E, intimamente associada à sua ação depuradora e lustral, tinha é de abrir caminho para uma possibilidade maior de livre exercício da invenção e da criação poéticas.

Esse livre exercício de invenção e da criação poéticas, tão bem apontado pelo crítico, corresponderia a uma obra poética das mais profícuas, se não férteis, da literatura brasileira.

Depois de *Pedra do sono*, foram publicados, até 1977, respeitando a sequência cronológica: *Os três mal-amados, O engenheiro, Psicologia da composição, O cão sem plumas, O rio, Paisagens com figuras, Morte e vida severina, Uma faca só lâmina, Quaderna, Dois parlamentos, Serial, A educação pela pedra* e *Museu de tudo*. Exceto *Museu de tudo*, os demais são reunidos na obra *Poesias completas*, editadas em 1968. Em *A imitação da forma*, João Alexandre Barbosa (1975c, p.16), ao se referir à obra, diz:

> Trata-se da reunião de treze livros de poemas, escritos entre 1940 e 1965, editados agora segundo uma ordem inversa: de *A educação pela pedra* a *Pedra do sono*.
>
> Aquilo que era início – Pedra – passa a ser fim, e do Sono à Educação vai a longa caminhada da atividade de João Cabral. Cumpre examiná-la.

Não se propõe este estudo ao exame da longa caminhada da atividade de João Cabral, pois esse exame, acredito, tem sido até agora realizado com muita maestria por dois críticos brasileiros: João Alexandre Barbosa e Benedito Nunes, com as obras *A imitação da forma* (1975a) e *João Cabral de Melo Neto* (1974a), respectivamente. O meu propósito se concentra no processo criador de João Cabral em *A educação pela pedra*, obra de 1965.

O fato de iniciar este trabalho aproximando *A educação pela pedra* a *Pedra do sono* se dá pela permanência de alguns germens próprios daquele primeiro livro, que se desenvolvem no outro já num segundo momento em que as interferências oníricas não são necessárias para a "educação" que se vai propor.

Mas a pedra se mantém como em estado de novo polimento, cujo reflexo, o brilho, permite ao "educando" frequentá-la com sua imagem. Por outro lado, deve-se questionar até que ponto o Sono já não propunha uma educação no primeiro livro e a Educação pétrea do segundo não esteja impregnada de Sono. Como diria Carlos Drummond de Andrade (1977, p.138-139), na última estrofe do poema "Procura da poesia".

A EDUCAÇÃO PELA PEDRA

Repara:
ermas de melodia e conceito
elas se refugiaram na noite, as palavras.
Ainda úmidas e impregnadas de sono,
rolam num rio difícil e se transformam em desprezo.

A "tendência construtivista que se mostra na sua incapacidade quase completa de fazer poemas em que não haja um número maior ou menor de imagens materiais" (Candido, 1976, p.73) apoia-se, em *Pedra do sono*, a uma ambiência noturna que circunda as imagens e que chama a atenção imediata para a beleza plástica e não tanto para as relações semânticas que elas possam suscitar no intérprete. Já em *A educação pela pedra*, em nível de primeiro contato, parece tratar--se de um discurso didático, mais próximo da comunicação, menos fechada em seu próprio reduto.

Em ambos os casos, porém, como dois polos do trabalho abstrato de representação da realidade, mantém-se uma poesia de tensão crítica, seja no sentido de como lidar com os conteúdos da experiência, seja no sentido de como lidar com a experiência estética que vai conseguindo "inventar".

Recuperando traços estilísticos da sua própria produção poética anterior e sem anular as formas tradicionais do verso, mas partindo dessas formas, João Cabral desenvolve, em *A educação pela pedra*, uma maneira de composição que elucida em vários aspectos o seu processo criador.

Para atingir o seu intento, onde não teriam lugar as normas clássicas de composição, Cabral trilhou um caminho diferente, caminho esse que possibilitou uma obra que se distancia daquela poesia contemplativa, fruto da inspiração, circundada por uma aura intangível.[4] No poema-título de *A educação pela pedra* conseguimos nos defrontar com quase todas as estratégias utilizadas pelo poeta. O texto explicita, pelas suas sugestões estéticas, vários preceitos fundamentais que norteiam a sua antilira.

---

4 Refiro-me ao ensaio "Sobre alguns temas em Baudelaire", de Walter Benjamin (1975).

Sendo assim, o poema denominado "A educação pela pedra" valeria como módulo e como apresentador da obra que passo a analisar. Vale atentar para a integração dos níveis linguísticos organizados de maneira a criar perfeita homologia entre o plano de expressão e o plano de conteúdo do texto. Pertencente à primeira parte da "cartilha", como se fosse a "sétima lição", tem-se:

A EDUCAÇÃO PELA PEDRA

1   Uma educação pela pedra: por lições;
2   para aprender da pedra, frequentá-la;
3   captar sua voz inenfática, impessoal
4   (pela de dicção ela começa as aulas).
5   A lição de moral, sua resistência fria
6   ao que flui e a fluir, a ser maleada;
7   a de poética, sua carnadura concreta;
8   a de economia, seu adensar-se compacta:
9   lições da pedra (de fora para dentro,
10   cartilha muda), para quem soletrá-la.

11   Outra educação pela pedra: no Sertão
12   (de dentro para fora, e pré-didática).
13   No Sertão a pedra não sabe lecionar,
14   e se lecionasse, não ensinaria nada;
15   lá não se aprende a pedra: lá a pedra,
16   uma pedra de nascença, entranha a alma (Melo Neto, 1966, p.207)

Ao abandonar o verso curto, presente nas suas obras anteriores, Cabral vai buscar em todos os poemas de *A educação pela pedra* o verso longo, de natureza discursiva, rompendo com a estrutura métrica tradicional. Porém, o imprescindível é avaliar a forma de inovação que o poeta vai atingindo nessa obra.

O poema transcrito apresenta a uniformidade rítmica nos versos, com uma estrutura métrica irregular. Essa estrutura "tange" o decassílabo e o alexandrino clássico, chegando a apresentar, em alguns versos, a medida daquelas estruturas.

A EDUCAÇÃO PELA PEDRA

Verificando o esquema métrico de "A educação pela pedra":

```
1  _____ 5 _____ 8 _____ 12
2  ___ 4 ___ 6 _____ 10
3  _____ 5 _____ 8 _____ 14
4  _____ 5 _____ 9 _____ 11
5  _____ 6 _____ 11__ 13
6  ___ 3 ___ 6 _____ 11
7  ____ 4 _____ 11 _____ 14
8  _____ 5 _____ 10 _____ 13
9  ___ 4 _____ 7 _____ 11
10 ____ 4 _____ 8 _____ 11

11 _____ 5 _____ 8 _____ 12
12 __ 2 ____ 6 _____ 10
13 ___ 3 __ 5 _____ 8 _____ 12
14 _____ 5 _____ 11____ 13
15 ____ 4 ___ 6 _____ 9 ___
16 ___ 3 _____ 7 ____ 9 ___ 11
```

Nota-se que o ponto de partida para as variações métricas são medidas de dez ou doze sílabas, como ocorre nos versos de números 1 e 2 (primeira estrofe) e 11, 12 e 13 (segunda estrofe), os demais se aproximando dessa contagem, atingindo o mínimo de nove sílabas (verso de número 15, da segunda estrofe) e o máximo de catorze sílabas (versos de números 3 e 7, primeira estrofe). São também variáveis, na irregularidade regular, os acentos longos do verso, rompendo, em certos pontos, com a expectativa do leitor. Essas nuanças regulares caracterizam todos os poemas do livro, apresentando num ou noutro caso traços estilísticos ou comportamentos estéticos diferentes com relação aos demais.

Analisando outro poema da obra, "O mar e o canavial", sob o aspecto métrico, Benedito Nunes (1974a, p.132-133) afirma que:

> essas modificações de acento, frequentemente introduzidas, como outros
> exemplos poderiam mostrar, criam, salvo num ou noutro caso, pela

continuidade com que se verificam, uma linha de regularidade de cada metro. Os versos marcam diferentes compassos que se deslocam, formando, de um para outro, figura rítmica variável, que não coincide com nenhum deles, pois que a todos alonga numa elocução contínua horizontal, cujo andamento é o da prosa.

Os diferentes compassos dos versos, responsáveis pelo *ritmo novo* dessa poesia, são conseguidos pelo ajustamento interno dos sons combinados e de um léxico adequado a esse trabalho sonoro. O caráter pétreo, concreto, enrijecido que a aparência do poema revela "esconde" um teor "líquido" que flui, porém jamais ao nível da superfície.

Essa oposição, que marca outra espécie de equilíbrio nessa poesia, dá-se, entre outros traços, pelo brilhante uso das aliterações, assonâncias e paronomásias.

Deve-se atentar, portanto, para a tessitura sonora do poema:

a eDuCaÇão Pela PeDRa

uma eDuCação PeLa PeDRa: Por LiÇões;
Para aPRenDer Da PeDRa, FreQuenTá-La;
CaPTaR Sua voz inenFáTiCa, impessoal
(PeLa De DiCÇão eLa ComeÇa aS auLaS).
a LiÇão De moRaL, Sua ReSiSTênCia Fria
ao Que FLui e a FLuiR, a SeR maLeaDa;
a De PoéTiCa, Sua CaRnaDuRa ConCReTa;
a De eConomia, Seu aDenSaR-Se ComPaCTa:
LiÇõeS Da PeDRa (De FoRa PaRa DenTRo,
CaRTiLHa muDa), PaRa Quem SoLeTRá-La.

ouTRA eDuCação PeLa PeDRa: no SeRTão
(De DenTRo PaRa FoRa, e PRé-DiDáTiCa).
no SeRTão a PeDRa não SaBe LeCionaR,
e Se LeCionaSSe, não enSinaRia naDa;
Lá não Se aPRenDe a PeDRa: Lá a PeDRa,
uma PeDRa De naSCenÇa, enTRaNHa a aLma.

A EDUCAÇÃO PELA PEDRA

A poesia de João Cabral é dotada de profunda musicalidade. Essa musicalidade, entretanto, não se coaduna com a fluência melódica existente na poesia romântica, nem preserva a "harmonia" do compasso existente na poesia neoclássica. A poesia de João Cabral revela um caráter de experimentação no que concerne ao trabalho de som. É análoga à dissonância da música contemporânea experimental. Os ruídos combinados servem, às vezes, de entrave a um aspecto melodioso no sentido convencional do termo. O encontro consonantal do fonema /r/ com outros fonemas em signos tais como "pedra", "aprender", "dentro", "entranha" parece conferir ao discurso poético uma antimusicalidade que "rumina", a cada linha do texto, a sua própria engendragem. Fonemas surdos como o /p/ são aliterados e integrados a fonemas sonoros, criando conflitos contínuos ao longo dos versos, e, como fios de ligação, as sibilantes vão conduzindo as palavras do poema. Os sinais de pontuação constituem outro traço estilístico relevante no construtivismo de "A educação pela pedra". São eles responsáveis por várias interrupções que o leitor é obrigado a respeitar, dificultando, assim, e alterando sensivelmente a entonação esperada e a demarcação das sílabas tônicas.

Por meio dos sinais de pontuação, a linguagem conduz a leitura e controla certas ligações ou interrupções com as quais o leitor não está habituado. Além de vírgulas e pontos e vírgulas inesperados, é frequente o uso de dois-pontos e parênteses no início, no meio ou até no final dos versos.

Quando isso ocorre, ressalta-se o uso do *enjambement*, traço significativo e de importância capital nessa poesia, em que o verso tradicional cede lugar ao verso discursivo, provocando a quebra de um ritmo, fruto do equilíbrio de superfície, para buscar um outro ritmo marcado pela dissonância e pela rima interna. O ritmo da poesia de João Cabral é também determinado por certos traços que devem ser considerados, por serem peculiares nesse tipo de composição, e, apesar da força que exercem, não se costumam considerar. Trata-se de dois recursos utilizados, pertencentes à escolha e à organização lexicais do poema. O primeiro consiste nos vocábulos que concluem cada verso. Sendo a língua portuguesa acentuadamente paroxitonal, toda a tradição clássica de poesia nesse idioma, na busca de respeito às normas métricas, encontra seu ponto de apoio nas palavras paroxítonas, seja nos versos decassilábicos, seja nos alexandrinos. Os poemas de *A educação pela pedra* vão sempre em busca da palavra adequada, da forma significante unida à camada semântica e não da rima rica por respeito à métrica. Daí romper esse esquema, valendo-se de proparoxítonas e oxítonas para encerrar o verso ou mesmo durante o seu percurso, de maneira a não permitir a manifestação da sílaba tônica própria dos esquemas tradicionais. Vejamos:

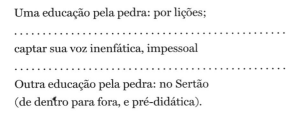

Uma educação pela pedra: por lições;
....
captar sua voz inenfática, impessoal
....
Outra educação pela pedra: no Sertão
(de dentro para fora, e pré-didática).

Essas ocorrências também podem ser notadas em quase todas as composições da obra.

O segundo traço de natureza lexical consiste no emprego de vocábulos com consoantes mudas que também interferem no ritmo e equilíbrio métrico dos textos. No poema em estudo, ocorrem vocábulos tais como "captar", "dicção", "compacta", que dificultam ao analista a contagem das sílabas segundo a estrutura métrica tradicional.

Todas as considerações aqui levantadas a respeito dos recursos estilísticos utilizados por João Cabral de Melo Neto no processo de composição do poema-título da obra valem como forma de aproximação da organicidade lógica desse poeta que não cessa de manter, em nenhum momento, uma postura de "vigilante do espírito", na expressão de Sérgio Buarque de Holanda (1978, p.168).

Esses recursos todos são elementos de "sentido" dentro do poema em questão e no conjunto de poemas que integram *A educação pela pedra*.

Existe equivalência de cada elemento atualizado na sequência do verso, no sentido jakobsoniano (Jakobson, 1969b, p.130), promovendo, assim, uma rede coerente de relações que atingem, é certo, dimensões abstratas, mas sempre a partir do uso de imagens constituídas por

A EDUCAÇÃO PELA PEDRA

palavras concretas. Trata-se de uma educação pela pedra ou de uma reeducação, um reiniciar de um processo criativo que vai singularizando a realidade do mundo, ao singularizar a sua própria realidade. O poema vale, na sua estrutura estética, como "definição" da obra como um todo. Referindo-se a ele, Benedito Nunes (1974a, p.171) expõe algumas ideias com as quais concordo e passo a considerar:

> A segunda parte desse poema traz a medida, se não o modelo, da ética severa de que falamos, por intermédio da qual a poesia cabralina, integrando-se à paisagem humana do Nordeste, liga-se ao sentido do romance da década de 30 e à universalização dos valores regionais consumada pela novelística de Guimarães Rosa. O paradigma do mundo hostil é esse Nordeste, microcosmo do poeta, que o reflete, e em que ele se reflete. Numa empatia silenciosa, João Cabral incorpora-o como um dado pessoal ao tom impessoal, conformado inconformista, sempre "capaz de pedra", de sua poesia. A pedra, que alhures chamamos de palavra-tema ou emblemática, é, pois, um multissímbolo. Contendo o ideal poético de contenção e de impessoalidade, de petrificação ou mineralização das palavras, e o ideal ético de resistência fria, de dureza obstinada e agressiva, ela se transforma em lâmina de faca, seca e limpa [...].

Das palavras do crítico, deve-se acentuar, de princípio, a seguinte afirmação: "A pedra, que alhures chamamos de palavra emblemática, é, pois, um multissímbolo".

Entre as possibilidades de sentido simbólico da pedra, estão algumas apontadas por Carl Gustav Jung (1966, p.43, 204, 205, 207, 208-211) que considero relevantes. Para ele, o artista moderno se vale, principalmente na escultura, da "expressão própria" da pedra ao lidar com figuras humanas, dando apenas o seu esboço para reter o que existe de natural nesse mineral. Na linguagem do mito, "A pedra se permite falar por si mesma". Jung diz ainda que lapidar e polir pedras é uma atividade muito antiga e muito conhecida. O interessante nessa atividade é que, ao ser polida, a pedra parece propiciar ao homem ver-se refletido nela e, ao mesmo tempo, conserva na sua essência o seu mistério. As pedras são imagens frequentes do "si mesmo" porque são completas, quer dizer, inalteráveis e duradouras.

Pedra é uma coisa permanente. A relação entre a poesia cabralina e essa imagem obsessiva ocorre, como já vimos, desde o seu primeiro livro, *Pedra do sono*. Mas, no sentido das considerações junguianas acima levantadas, vale a pena ler o texto "Pequena ode mineral", incluído no livro *O engenheiro*, de 1945, em que o poeta reconhece na pedra a falta de "domínio do espírito criador".

Desordem na alma
que se atropela
sob esta carne
que transparece.

Desordem na alma
que de ti foge,
vaga fumaça
que se dispersa,

informe nuvem
que de ti cresce
e cuja face
nem reconheces.

Tua alma foge
como cabelos,
unhas, humores,
palavras ditas

que não se sabe
onde se perdem
e impregnam a terra
com sua morte.

Tua alma escapa
como este corpo
solto no tempo
que nada impede.

A EDUCAÇÃO PELA PEDRA

Procura a ordem
que vês na pedra:
nada se gasta
mas permanece.

Essa presença
que reconheces
não se devora
tudo em que cresce.

Nem mesmo cresce
pois permanece
fora do tempo
que não a mede,

pesado sólido
que ao fluido vence,
que sempre ao fundo
das coisas desce.

Procura a ordem
desse silêncio
que imóvel fala:
silêncio puro.

De pura espécie,
voz de silêncio,
mais do que a ausência
que as vozes ferem. (Melo Neto, 1945, p.49)

A correlação entre as qualificações simbólicas atribuídas por Carl Jung à pedra e as imagens poéticas que aparecem na segunda parte do poema são completas: a expressão poética, o falar por si mesma, a permanência, a completude, o teor inalterável, a atemporalidade, todos esses elementos aparecem nos dois textos. Porém, essa conjunção revela, em certo sentido, uma insuficiência poética de João Cabral

56 TRANSIÇÃO E PERMANÊNCIA

no sentido de que "Pequena ode mineral" ainda significa a necessidade do poeta de falar *sobre* a pedra e não falar *da* pedra.

A primeira parte do poema constitui-se de palavras fugidias e vagas, tais como "fumaça", "dispersa", "informe nuvem", "alma", "foge", "escapa", deixando entrever a "alma atropelada" que ainda não conseguiu ordenar-se e atingir o "si mesmo" próprio da essência da pedra. O poeta ainda está muito próximo daquele "eu criador" de "Dentro da perda da memória".

Apesar do reconhecimento da pedra e de seus valores fundamentais, a relação ainda não se fazia de dentro para fora no processo inventivo de João Cabral de Melo Neto. E dessa forma, a obra de 1965 far-se-ia emergir da pedra e pela pedra passaria às suas lições:

> Uma educação pela pedra: por lições;
> para aprender da pedra, frequentá-la;
> captar sua voz inenfática, impessoal
> (pela de dicção ela começa as aulas).
> A lição de moral, sua resistência fria
> ao que flui e a fluir, a ser maleada;
> a de poética, sua carnadura concreta;
> a de economia, seu adensar-se compacta:
> lições de pedra (de fora para dentro,
> cartilha muda), para quem soletrá-la (ibidem, p.207).

As qualificações simbólicas enumeradas em "Pequena ode mineral" reaparecem nessa primeira estrofe transcrita, porém numa direção diversa à daquele poema de 1945. Logo de início, se evidencia uma identificação entre a poesia e a pedra, onde o *dizer* já é o próprio *fazer* de pedra e o realizar-se enquanto linguagem. O que era apenas reconhecimento sobre a pedra apreendido pela alma inquieta passa agora a ser a própria incorporação estética da imagem multissimbólica da pedra. Vale considerar neste ponto as palavras de João Alexandre Barbosa (1975b, p.227):

> As quatro lições relacionadas na primeira estrofe, a de dicção, a de moral, a de poética e a de economia, não somente configuram um quadro

A EDUCAÇÃO PELA PEDRA   57

de dependências entre linguagem e realidade da dicção à economia, como, o que é mais importante, desde o terceiro verso são extraídas de uma "voz", de uma "forma" que o poeta percebe no objeto. Por isso mesmo, embora haja uma sucessão de lições no texto, a ordem em que aparecem só é importante na medida em que acentua a interdependência, por exemplo, entre "economia" e a "voz inenfática, impessoal" que João Cabral aprende a captar.

Por outro lado, as qualificações que seguem cada uma das lições vêm revelar o sentido da "leitura" do objeto pelo poeta: a "resistência fria" da moral, a "carnadura concreta" da poética, o "adensar-se compacta" da economia, convergentes, a partir da "impessoalidade" e a falta de ênfase da de dicção, são vinculadas pelo mesmo princípio fundamental, isto é, o de uma concretização despojadora de tudo aquilo que, seja moral, poética ou economia, existe como possibilidade de desregramento, restos das sensibilidades.

E as quatro lições interdependentes, como bem analisa João Alexandre, passam, em verdade, a constituir um só projeto educativo, que é a visão que o poeta aprendeu a ter da Poesia, revelada por uma prática criativa. Mas essa prática capta num só golpe dois níveis de educação que se realizam pela pedra: um por lições (de fora para dentro) que parece se amalgamar ao outro (de dentro para fora, e pré-didático). É nesse sentido que volto a considerar a reflexão de Benedito Nunes (1974a, p.171) quando diz que "a segunda parte desse poema traz a medida, se não o modelo, da ética severa [...] por intermédio da qual a poesia cabralina, integrando-se à paisagem humana do Nordeste, liga-se ao sentido do romance da década de 30 e à universalização dos valores regionais consumada pela novelística de Guimarães Rosa". A poesia de João Cabral opta pelo difícil, pela concretude, pela dureza da pedra, como visto até agora. Mas, além do sentido imagético de "hostilidade do mundo" (ibidem),[5] existe também a simbologia que envolve essa imagem portadora de duplo sentido: por um lado "as palavras *duro* e *dureza*", diz Gaston Bachelard (1948, p.64),

---

5 Referindo-se ao estudo de Gaston Bachelard (1948) "Les métaphores de la dureté".

aparecem tanto num julgamento da realidade quanto numa metáfora moral, revelando assim, muito simplesmente, as duas funções da linguagem: transmitir significações objetivas e sugerir ao mesmo tempo valores mais ou menos metafóricos. E, desde as primeiras trocas entre as imagens abundantes e as percepções claras, são as imagens, são as metáforas que vão multiplicar os valores, valorizar os valores.

Nesse sentido, ratificando as palavras de Benedito Nunes, a integração da poesia de João Cabral à paisagem humana do Nordeste dá-se por um ensinamento de dentro para fora que não ensina, pois é pré- -didática e pertence ao universo pré-lógico, ou consiste no "si mesmo" apontado por Carl Jung. Daí a necessidade de integração entre os dois planos de educação (de fora para dentro/de dentro para fora): mutação dialética, em que a linguagem pétrea cabralina vai transmitindo significações objetivas e suscitando significações metafóricas.

Nesse movimento-incessante, vislumbra-se uma VOZ do profundo silêncio permanente. Voz inenfática, voz impessoal e por isso mesmo "de pura espécie,/ voz de silêncio,/ mais do que a ausência/ que as vozes ferem".

Explicado o título, passo a analisar a obra. Antes, porém, esclarecerei alguns elementos de sua montagem, uma vez que a estrutura do LIVRO se reflete nas composições.

II

A educação pela pedra, editada pela primeira vez em 1966 pela Editora do Autor, é formada de 48 poemas e regida pelo módulo do número quatro. Divide-se em quatro partes (a:, b:, A:, B:), cada uma com doze poemas. "Cada poema é, por sua vez, um díptico formado de partes simétricas – com o mesmo número de versos – ou assimétricas – com número diferente – mas sempre, qualquer que seja o caso, entre o limite mínimo de seis e o máximo de dezesseis" (Nunes, 1974a, p.135). "Em *A educação pela pedra*, edição de 1966, as duas partes dos poemas dispõem-se lado a lado, uma em cada página. Em *Poesias*

A EDUCAÇÃO PELA PEDRA

completas, talvez por motivo de espaço, essa disposição horizontal de isolamento gráfico desaparece" (ibidem).

Considero relevante a primeira distribuição feita pela Editora do Autor, pois ressalta correspondências internas e externas entre partes paralelas no mesmo poema ou entre dois poemas, e acentua os sinais gráficos entre cada estrofe (número 2 em 24 poemas e uma estrelinha [★] nos demais 24 poemas).

Dado o impasse com relação às alterações ocorridas nas edições de *Poesias completas*, senti necessidade de tomar conhecimento a respeito de possível interferência do poeta nas novas disposições gráficas. Em texto a mim enviado,[6] João Cabral forneceu não só a resposta almejada, mas também outros informes que considero úteis à leitura dos poemas: "A ausência daquelas letras na edição das *Poesias completas* (Editora Sabiá) e o desaparecimento da disposição lado a lado das partes, significam, apenas e tão somente, uma conveniência econômica e de espaço exigida pelos editores".

Além dessa informação, diz também o poeta:

> As composições correspondentes às letras a/b são poemas de dezesseis versos; as composições correspondentes às letras A/B são poemas de 24 versos. As composições correspondentes às letras a/A (caixa-alta) são poemas sobre Pernambuco e Nordeste e as composições correspondentes às letras b/B (caixa-baixa) são poemas sobre o que não é Pernambuco nem Nordeste.

Sobre a utilização dos símbolos gráficos 2 e ★, diz João Cabral: "Poemas em que a segunda parte tem um 2: são poemas em duas partes, em que só se pode entender uma lendo a outra. Poemas que estão divididos por uma estrelinha (★): poemas em duas partes justapostas mas independentes, e que portanto podem ser lidos separadamente".

O módulo do número quatro que norteia essa lógica de criação de João Cabral nas composições de *A educação pela pedra* é detalhadamente estudado por Antonio Lázaro de Almeida Prado, sob o aspecto descritivo. Tomando uma parte do seu ensaio, temos:

---

6 Texto enviado em setembro de 1978 por intermédio de Mário Chamie.

60 TRANSIÇÃO E PERMANÊNCIA

Mas o "show" do número quatro continua. E afeta, inclusive, o próprio módulo poemático: em todos os 48 poemas, a mesma divisão dialética (submúltiplo de quatro), ou seja, a mesma divisão em dois "blocos" estróficos. Tais "blocos" muitas vezes facultam uma redistribuição, ora em dois subconjuntos de quatro versos (sectores a: e b:) ou em dois subconjuntos de oito versos (sectores A: e B:).

Também a titulação dos poemas, quase sempre dialética, ora apresenta dois termos positivos, ora mobiliza ou sugere dois termos complementares. Além disso, alguns poemas passam como que por uma operação reduplicadora, apresentando duas versões (possivelmente complementares), ora num mesmo sector, ora de um sector para outro. Caso mais curioso, o quatro afeta o próprio sintagma que dá título à obra, além de referir-se ao tempo de fatura do livro (quatro anos: de 1962 a 1965) e aos locais de sua ultimação (quatro cidades: Madrid, Sevilha, Genebra e Berna). [...] Recordemos, antes de prosseguimos: livro cujo título é um conjunto tetraelementar, *A educação pela pedra* apresenta-nos quatro secções, em sua edição primeira (a:, b:, A:, B:). Cada secção apresenta doze (múltiplo de quatro) poemas.

O número de versos para a: e b: em cada um e em todos os poemas = dezesseis (múltiplo de quatro). Já para as secções A: e B: o número de versos progride para um múltiplo de quatro = 24. Todos os 48 poemas repartem-se em dois (submúltiplo de quatro) "blocos" estróficos. Muitos dos blocos do sector formado pelos subconjuntos a: e b: facultam uma reprogramação em dois sub-blocos de quatro versos. Já os blocos do sector formado pelos subconjuntos A: e B:, em muitos casos, facultam uma reprogramação em sub-blocos de quatro ou de seis versos (sempre quatro múltiplos ou submúltiplos de quatro ou dos formantes de quatro ou de seis: 2 + 2 ou 2+ 2+ 2). (Almeida Prado, 1976, p.158-159)

Porém, preocupado com a especificação quadrangular da obra, e apesar da sua extensão, o crítico não chega a relacionar de maneira dialética a utilização do "signo da quaternidade" em *A educação pela pedra*. Parece-me que a fundamentação da obra não se dá pela unilateralidade da "conta que dá certo" ao se verificar a "prova dos nove", mas pelo movimento dialético que ocorre na sua elaboração interna por meio das rupturas marcadas no âmbito da linguagem. O próprio

A EDUCAÇÃO PELA PEDRA

número quatro pode ser compreendido no poema, assim como a pedra, como multissímbolo. Nas concepções psicológicas junguianas (Jung, 1966, p.21, 70, 71, 112, 199, 240-242), as estruturas simbólicas que parecem se referir ao processo de individuação tendem a basear-se no motivo do número quatro, que corresponde às quatro funções da consciência: o pensamento, o sentimento, a intuição e a sensação. Para Jung, as manifestações sem estorvos do centro psíquico se caracterizam, pela sua quadruplicidade, por terem quatro divisões ou alguma outra estrutura que deriva de séries numéricas de quatro, oito, dezesseis e assim sucessivamente. O número dezesseis (24 poemas do livro) desempenha um papel de particular importância, posto que se compõe de quatro quatros. Aspecto de indiscutível importância, que se deve indicar como relação última entre o quatro, imagem arquetípica, e a sua utilização na lógica da composição cabralina, é o significado desse número na "mandala", representação simbólica do "átomo nuclear" da psique humana. Para alguns povos, a "mandala", constituída de um círculo envolvendo um quadrado, é usada com a finalidade de recuperar um perdido equilíbrio interior. São dois os aspectos básicos que existem no simbolismo da "mandala". Em primeiro lugar, ela serve como propósito *conservador*, especialmente para restabelecer uma ordem anteriormente existente. Porém, serve ao propósito criador de dar expressão única. O segundo aspecto, talvez mais importante que o primeiro, não o contradiz, porque, na maioria dos casos, o que estabelece a antiga ordem simultaneamente implica certo elemento de criação nova. *Na nova ordem, os modelos mais antigos voltam a um nível superior.*

Como já foi dito no início da análise do poema-título da obra, Cabral não anula as formas tradicionais do verso, mas sim parte delas para buscar o novo. E esse novo, aparentemente, comporta-se de maneira conservadora até mesmo na disposição visual dos blocos estróficos, que tendem ao esquema quadrangular e retangular de montagem que se aproxima das medidas geométricas a seguir.

FIGURA 1.1 Poemas de dezesseis versos (caixa-baixa) com blocos estróficos independentes – cada estrofe contendo oito versos. A estrelinha entre os "blocos" confere a independência referida. A figura quadrangular se baseou no poema "O mar e o canavial".

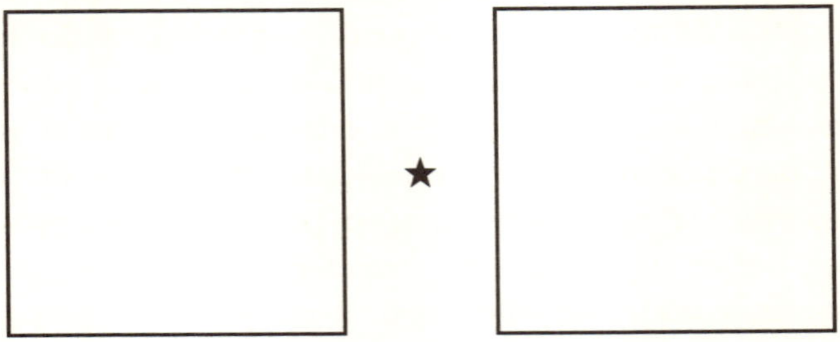

FIGURA 1.2 Poemas de dezesseis versos, com "blocos" estróficos dependentes – cada estrofe contendo oito versos. O número 2 entre os "blocos" confirma a dependência entre as estrofes. A figura geométrica se baseou no poema "O canavial e o mar".

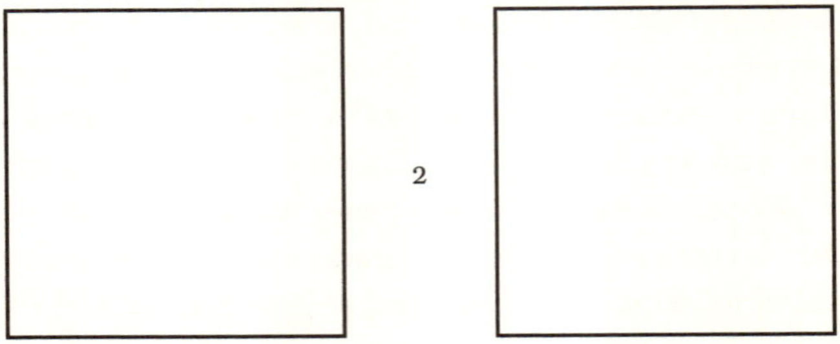

FIGURA 1.3 Poemas de dezesseis versos, com "blocos" estróficos dependentes. A primeira estrofe se constitui de seis versos e a segunda, de dez versos. A figura geométrica se baseou no poema "Coisas de cabeceira, Recife".

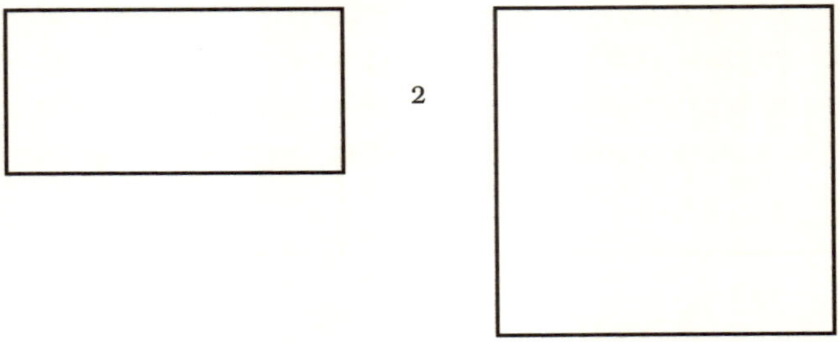

A EDUCAÇÃO PELA PEDRA

FIGURA 1.4 Poemas de dezesseis versos, com "blocos" estróficos independentes. A primeira estrofe se constitui de dez versos e a segunda, de seis versos. A figura geométrica se baseou no poema "A educação pela pedra".

FIGURA 1.5 Poemas de 24 versos (caixa-alta), cujas estrofes se independem (★) – cada estrofe possuindo doze versos. Poema modelo para o esquema geométrico: "Duas bananas & a bananeira".

FIGURA 1.6 Poemas de 24 versos, cujas estrofes são dependentes (2) – cada estrofe se constitui de doze versos. Poema modelo para o esquema geométrico: "Agulhas".

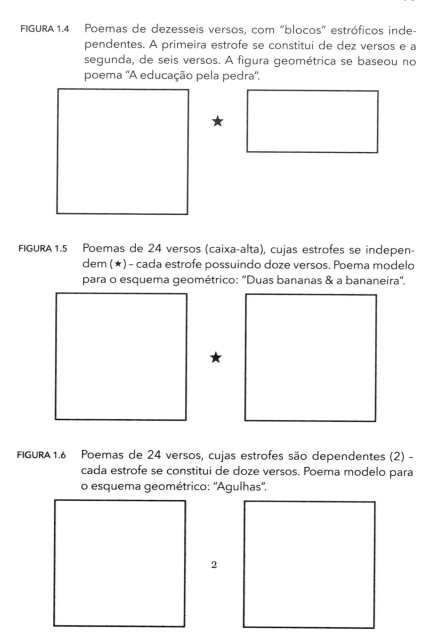

FIGURA 1.7   Poemas de 24 versos, a primeira estrofe com dezesseis versos e a segunda, com seis versos. Poema modelo: "A cana de açúcar de agora".

FIGURA 1.8   Poemas de 24 versos, a primeira estrofe com seis versos e a segunda, com dezesseis versos. Poema modelo: "O hospital da Caatinga".

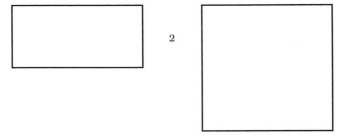

São quatro formas de medidas geométricas básicas dispostas de oito maneiras como se se tratasse de montagens duplicadas. Nota-se que as figuras geométricas obtidas são quadrangulares ou retangulares. Na disciplina de construção, na lucidez inventiva que jamais se vale do improviso fornecido pela inspiração, na busca do "equilíbrio" essencial perdido na poesia de caráter pessoal do Romantismo e que se mantém até os nossos dias, encontra-se, talvez, a simetria geométrica das composições de *A educação pela pedra*.

Essa simetria, ou o uso do quadrado ou grupos de retângulos e quadrados, tem aparecido na arte moderna com tanta frequência quanto o círculo. Entre os artistas que se valem dessas formas, destaca-se a bela e harmônica obra pictórica de Piet Mondrian. "Por regra

A EDUCAÇÃO PELA PEDRA   65

geral, não há centro efetivo em nenhuma das suas pinturas, que formam um todo ordenado em colocação estrita" (Jung, 1966, p.240). Parece-nos que essa descentralização na sua obra também ocorre com o livro de Cabral, em que cada poema ou cada bloco estrófico está sempre começando e sempre se findando no princípio. Ou, em outros momentos, os poemas parecem ter início no meio. Talvez seja essa correlação geométrica da pintura de Mondrian e da poesia de João Cabral um dos traços formais que aproximam os dois artistas e que justificam, de certo modo, uma das partes do poema "O sim contra o sim", quando o poeta diz:

> Mondrian, também, da mão direita
> andava desgostado;
> não por ser ela sábia:
> porque, sendo sábia, era fácil.

> Assim, não a trocou de braço:
> queria-a mais honesta
> e por isso enxertou
> outras mais sábias dentro dela.

> Fez-se enxertar réguas, esquadros
> e outros utensílios
> para obrigar a mão
> a abandonar todo improviso.

> Assim foi que ele, à mão direita,
> impôs tal disciplina:
> fazer o que sabia
> como se o aprendesse ainda.

Além da geometria quadrangular que passa a ser o aspecto visual mais notório que conduz a poesia de João Cabral, outros recursos estilísticos o aproximam de pintores contemporâneos como Mondrian. Parece o poeta ter também enxertado outras mãos mais sábias dentro da mão que tinha.

E, assim, ao rigor do esquadro, o possível "improviso do espírito" vai ser passado pela máquina do poeta. Mas o produto conseguido demonstra sempre estar vinculado a outro, como se houvesse sempre um desconhecimento do novo e uma necessidade de reproduzi-lo. Mas a reprodução será outro produto que se aproxima do primeiro e nele se reconhece, mas já é outro objeto.

Essa disciplina inventiva que Cabral aponta em Mondrian parece ser a sua própria motivação de criar: "fazer o que sabia/ como se o aprendesse ainda". É como se fosse um polimento da pedra, para que seja possível ao polidor ver-se refletido nela. E para o intérprete fica o trabalho de encontrar o seu próprio brilho ao frequentar a pedra lapidada.

São quatro as lições, são quatro as partes do livro. São multíplices as relações possíveis, advindas dessa cartilha poética. Sendo assim, o livro, constituído de 48 unidades poéticas, passa a valer por um só texto. Não podemos determinar o princípio, nem podemos determinar o fim. Cada texto passa a ser um produto gerador de outro ou de outros textos que abrem possibilidades para novas relações. Esses desdobramentos semânticos rompem com as paredes de concreto que pareciam munidas de força inquebrantável, passando pelo pensamento construtivista e severo que as arquitetou, para conduzir o leitor a um incomensurável espaço de possibilidades. Dessa forma, os meus propósitos se limitam a perseguir um dos caminhos possíveis, tentando elucidar ao leitor a sua *validade* (Barthes, 1970c, p.161). Destarte, no capítulo que se segue, após a análise de um poema que ilustra o processo gerador, será feito um estudo de três níveis de *intertextualidade* que considero básicos no mecanismo de composição de *A educação pela pedra*.

CAPÍTULO 2

Autotextualidade/ intertextualidade

RELAÇÕES INTERTEXTUAIS ENTRE POEMAS DA MESMA OBRA

I

Nessas épocas de equilíbrio, fáceis de encontrar nas histórias literárias, não há na composição duas fases diferentes e contraditórias – não há um ouvido que escuta a primeira palavra do poema e uma mão que trabalha a segunda. Nessas épocas, pode-se dizer que o trabalho de arte inclui a inspiração. Não só as dirige. Executa-as também.

João Cabral de Melo Neto,
Poesia e composição

Partindo da ideia de que em *A educação pela pedra* cada texto passa a ser um produto gerador de outro ou de outros textos, numa ininterrupta remissão circular no interior da obra ou no interior de cada poema, o processo criador dessa obra mantém uma coerência sem par na movimentação dos jogos semânticos embasados por uma simetria visual. Essa simetria se alicerça pela forma retangular ou quadrangular das estrofes constituintes de cada poema. Como já disse, trata-se da irregularidade regular caracterizadora da obra.

Para introduzir os três níveis de intertextualidade, ilustrarei a ideia de movimento gerador com uma análise do 19º poema do livro: "Tecendo a manhã". A estrutura do poema comunica expressivamente o trabalho da composição poética a partir de uma referência fenomenológica: a tessitura da manhã. Como diz João Alexandre Barbosa (1975b, p.218):

> no sentido de atingir o poema de participação coletiva por meio de um discurso poético voltado para o próprio mecanismo de composição – afastando-se, assim, daquilo a que ele mesmo se referia como sendo o poema "híbrido de monólogo interior e de discurso de praça", na tese de 1954 –, quando o que há de metalinguístico no texto é a estratégia pela qual consegue vincular mais radicalmente comunicação e composição [,]

o próprio mecanismo de composição se vale de um elemento particular para expressar alegoricamente o universal. A plurissignificação desse poema, no contexto da obra em que aparece, ilustra o encaminhamento alegórico dado por João Cabral à composição do livro. Constituído de dezesseis versos e respeitando o módulo quadrangular de toda a obra, não apresenta simetria rítmica. Também, como os demais poemas, "Tecendo a manhã" é um díptico. Passando, então, à sua leitura, tem-se:

1   Um galo sozinho não tece uma manhã:
2   ele precisará sempre de outros galos.
3   De um que apanhe esse grito que ele
4   e o lance a outro; de um outro galo
5   que apanhe o grito que um galo antes
6   e o lance a outro; e de outros galos
7   que com muitos outros galos se cruzem
8   os fios de sol de seus gritos de galo,
9   para que a manhã, desde uma teia tênue,
10 se vá tecendo, entre todos os galos.

AUTOTEXTUALIDADE/INTERTEXTUALIDADE 71

2

11 E se encorpando em tela, entre todos,
12 se erguendo tenda, onde entrem todos,
13 se entretendendo para todos, no toldo
14 (a manhã) que plana livre de armação.
15 A manhã, toldo de um tecido tão aéreo
16 que, tecido, se eleva por si: luz balão. (Melo Neto, 1966, p.209)

O que mais se evidencia no processo de composição do poema é a perfeita equivalência dos níveis linguísticos nele atualizados. Isso realça o espírito construtivista que o organiza e lhe confere, a cada passo da sua invenção, um elemento novo que vai se integrando a outro num caráter evolutivo e surpreendente. Para Jean-Claude Coquet (1972, p.93), o texto poético se apresenta como equação verificada sob dois planos: "horizontal", pelos seguimentos contíguos que são equivalentes, e "vertical", pois os níveis linguísticos se colocam uns sobre os outros e se fazem ecos uns para os outros. Mas, se observarmos a maioria das ocorrências poéticas, notaremos que, apesar da equivalência ocorrente no plano horizontal, o texto privilegia no seu plano de escolha (vertical) um dentre os níveis linguísticos existentes.

Em "Tecendo a manhã", o trabalho de João Cabral corresponde exatamente às concepções teóricas de Coquet. Se é notório o nível fonológico do poema, da mesma maneira se dão os níveis sintático, lexical, prosódico e morfológico. E todos os níveis, integrados entre si, provocam as semioses em vários sentidos, vão continuadamente elevando o valor alegórico do texto no que concerne à sua camada semântica. É esse sentido alegórico que confere ao poema algumas peculiaridades que o distinguem dos demais poemas da obra. O clima simbólico do texto é de euforia, como se se tratasse de uma festa, seja pelo nascimento da manhã, seja pelo nascimento da poesia. Linhas paralelas no âmbito da significação, mas unificadas no mesmo *corpus* de linguagem, "Tecendo a manhã", desde o seu título, amplia de modo alegórico as suas possibilidades de sentido. Por meio do imediatismo interpretativo, o poema revela o referente fenomenológico e alegórico "manhã" no processo da sua formação. Mas o próprio valor semântico de "manhã" se constitui de semas tais como "reiniciação", "clareza", "pureza", "vida", que servem como elementos metaforizadores de uma nova realidade sugerida pelo poema, de um processo de transformação, de "entre fios" engendrados num dinamismo incessante. O ato contínuo se manifesta pela forma gerundiva "ndo" que, uma vez integrada ao título, já prenuncia obra em movimento. A presença do artigo definido "a" entre os signos "tecendo" e "manhã" sugere a conjunção fonológica /amãnã/ cujos semas "tempo futuro", "porvir", "esperança" conduzem o leitor do poema-processo a uma interpretação social, porém a sua amplitude ideológica delimita a consagração da própria utopia. Essa ideia será retomada ao final desta análise. Por enquanto, faz-se necessário penetrar na estrutura composicional do texto, elucidando o estilo *sui generis* que o constitui.

Ao se iniciar a leitura, tem-se a impressão de se estar frente à enunciação de um teorema, dada a sua estrutura lógica e assertiva que "diz" nos dois primeiros versos:

1 Um galo sozinho não tece uma manhã:
2 ele precisará sempre de outros galos.

Esse enunciado será demonstrado pelos versos seguintes. Apesar de não afirmarem a necessidade de galo, os versos afirmam a sua pretensa suficiência para se dar início à tessitura da manhã.

"Galo", funcionando como sujeito do primeiro verso, possui como complemento direto "manhã", respeita os cânones lógicos da sintaxe, assim como o uso da pontuação. O caráter de economia dos dois primeiros versos se opõe ao desenvolvimento móvel e extenso dos versos seguintes. Como se pode notar, assim se manifestam os versos subsequentes:

3 De um que apanhe esse grito que ele
4 e o lance a outro; de um outro galo
5 que apanhe o grito que um galo antes
6 e o lance a outro; e de outros galos
7 que com muitos outros galos se cruzem
8 os fios de sol de seus gritos de galo,

AUTOTEXTUALIDADE/INTERTEXTUALIDADE

O primeiro aspecto relevante que ocorre nos versos 3, 4, 5 e 6 é a sequência de elisões que formam a ligação entre os signos, compreendidos sob o aspecto fonológico. As elisões impedem uma leitura lenta do poema durante essa passagem pelo próprio teor das ligações realizadas. Tem-se a impressão de gestos sucessivos de galos na transação incessante dos seus gritos. Trata-se de processos sinestésicos que permeiam os "gestos" dos quatro versos. O poema diz respeito a gritos "lançados", sugerindo o jogo de algo mais denso, mais palpável. Interessante notar o uso do signo "grito" em vez de "canto". "Grito" está mais próximo do ruído, está mais próximo do significante que do significado. Porém, a partir do ponto em que "fios de sol" adentram o poema, o aspecto visual confere "sentido" aos ruídos anteriormente "lançados". Daí se dizer que uma metáfora é sugerida por outra evidenciada.

Dessa forma, as elisões e as sinestesias formam uma rede de relações provocada pelas ligações contínuas e indissolúveis, para que seja possível a tessitura da manhã. O movimento quase gestual provocado por essas imagens é intensificado por rupturas também sintáticas que conduzirão o poema a novas dimensões que extrapolam o plano verbal e atingem o plano visual.

Deve ser considerada, em primeira instância, a ruptura manifestada por elipses e zeugmas de termos sintáticos, que impedem a fluência normal dos sintagmas. Essa ocorrência acentua quer o caráter dinâmico do "fato" (tessitura da manhã), quer o caráter de obra em movimento já sugerido pela forma gerundiva do título:

> De um que apanhe esse grito que ele
> e o lance a outro; de um outro galo
> que apanhe o grito que um galo antes
> e o lance a outro; e de outros galos

Evidenciando-se os possíveis termos elípticos, tem-se:

> (ele precisará) De um (galo) que apanhe esse grito que ele (lançou)
> e o lance a outro (galo); (ele precisará) de um outro galo
> que apanhe o grito que um galo antes (lançou)
> e o lance a outro (galo); e de outros galos

74 TRANSIÇÃO E PERMANÊNCIA

As elipses que ocorrem no início ou no meio dos versos conferem ao texto-fato o seu dinamismo rápido, sem programações. Por outro lado, as elipses que ocorrem nos finais dos versos não só não possuem a natureza dos primeiros como revelam uma forma nova, original, do *enjambement* pela poética cabralina. Enquanto se espera uma sequência narrativa segundo a estrutura lógica proposta pelo enunciado dos dois primeiros versos, o poema se rompe. O que ocorre reporta o leitor a uma visualização do processo. Logicamente, buscando a referencialidade aludida pelo poema, pode-se dizer que jamais o grito (canto) de um galo se realiza por si só, enquanto os demais aguardam sua vez. O que se nota é uma atualização sintagmática análoga ao procedimento referencial dos gritos de galo. Sucessivamente, os gritos de galo se interpenetram numa conjunção auditiva e/ou visual: "que com muitos outros galos se cruzem/ os fios de sol de seus gritos de galo"; o que agora aparece nos versos sétimo e oitavo é a intersecção metafórica já analisada anteriormente. A sugestão visual "os fios de sol de seus gritos de galo" antecedida por "que com muitos outros galos se cruzem" remete o leitor à "tecelagem" propriamente dita, como se, a partir desses versos, outros ingredientes, "outros tipos de lã" adentrassem a constituição do tecido. Ou, para dizer melhor, os fios de sol aparecem como integrantes dos gritos de galo. A sonoridade advinda dos gritos se conjuga à luminosidade tênue existente nos fios de sol.

As elisões, as aliterações e as assonâncias conjugadas às rupturas sintáticas se desencadeiam para a calma "apoteótica" do oitavo verso, como prenúncio da evolução do universo que se vai construindo:

> para que a manhã, desde uma teia tênue,
> se vá tecendo, entre todos os galos.

Ao se iniciar esta análise, foi feita uma comparação entre a estrutura do poema e a estrutura de um teorema: os dois primeiros versos compreendidos como enunciado e os quatro seguintes como demonstração do enunciado. O sujeito sintático proposto inicialmente nos sete primeiros versos do poema era "galo", tendo como complemento direto "manhã". Nos versos anteriormente transcritos, numa ação reflexiva, "manhã" passa a ser sujeito e objeto direto do verbo tecer.

AUTOTEXTUALIDADE/INTERTEXTUALIDADE

"Galos" passa para um segundo plano, exercendo função circunstancial, enquanto a referência "manhã" vai eclodindo no espaço do poema. A sua introdução no poema, atuando como fio condutor da tessitura, é precedida por um conectivo adverbial final "para que", confirmando o que já foi explicitado anteriormente a respeito do pretexto galo. Os dois versos são assonânticos e aliterados. Já se inicia, em nível fonológico, o jogo entre os fonemas homorgânicos /t/ e /d/ como preparação da fase mais consistente do tecido. Inicia-se a eclosão da manhã, com muita força, muita soltura, apesar de um equilíbrio de forças que preserva a "complexidade organizada" da sua formação. A segunda estrofe se abre com sons, formas, movimentos organizados de um modo que vale a pena acompanhar:

> E se encorpando em tela, entre todos,
> se erguendo tenda, onde entrem todos,
> se entretendendo para todos, no toldo

O que ocorre nesses três versos não pode ser simplesmente descrito enquanto recurso estético que auxilia o "embelezamento" do poema. Se ainda na disjunção entre "forma" e "fundo", se a poesia fosse explosão de sentimentos por meio da inspiração, o fato poético acima observado não passaria de um "enriquecimento formal" sem nenhum vínculo com a significação que rege a estrutura profunda do texto. A total integridade da linguagem poética, constituída de organização especial de signos, provoca uma rede também especial de possibilidades semânticas.

Retomando os três primeiros versos da segunda estrofe, evidencia-se uma consciência do trabalho poético que, apesar de atingir camadas sensíveis de quem o percebe, exige conjuntamente uma compenetrada atenção inteligível, para que seja possível uma coerência na procura dos meandros significativos que se formam.

Primeiramente, os três versos devem ser notados no conjunto do poema. Sua localização no encadeamento da leitura reflete uma nova etapa de significação e conduz o texto ao seu final, prenunciando a imagem última, "luz balão". Depois, penetrando na sua própria realidade, nota-se uma composição fonológica que surge na sua estrutura de “tecido” circular como resultado do trabalho incessante dos elementos.

As figuras de som que atuam na composição com maior intensidade são aliterações, assonâncias e paronomásias. Na tentativa de explicitar, em parte, o fenômeno de linguagem citado, serão montados, a seguir, gráficos, correspondendo cada um a uma espécie de ocorrência fonológica. Notar-se-á que a visualização gráfica pode ser percebida do primeiro ao último ou de modo inverso. Observemos a sequência abaixo.

GRÁFICO 2.1 Emprego simétrico das sibilantes como recurso de ligação sonora na continuidade melódica dos versos.

1. E s s
s s
s s o

GRÁFICO 2.2 Distribuição aliterada das nasais em ondulações sonoras e ligações internas dos signos.

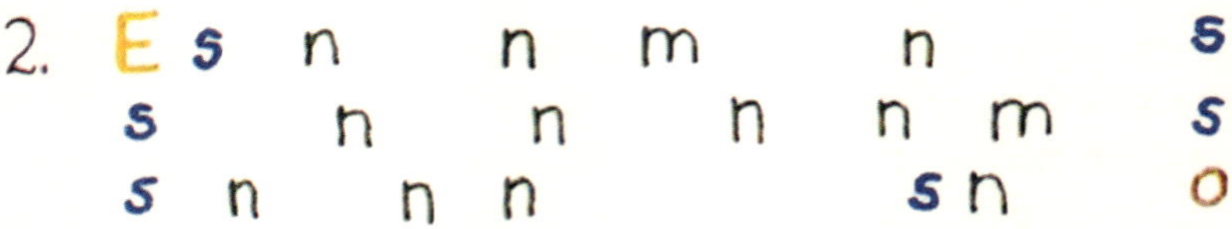
2. E s n n m n s
s n n n n m s
s n n n s n o

GRÁFICO 2.3 Focalização do jogo semântico dos fonemas /e/ /o/ /E/, que constituem o embasamento sonoro em termos de “tom” melódico.

3. E s e e o o e e e e o os
s e e e o e o e e e o os
s e e e e e o o os o o o

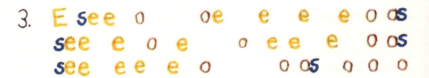

AUTOTEXTUALIDADE/INTERTEXTUALIDADE

GRÁFICO 2.4 Apresentação, em perfeita simetria, de dez fonemas linguodentais surdos e dez fonemas linguodentais sonoros.

4. 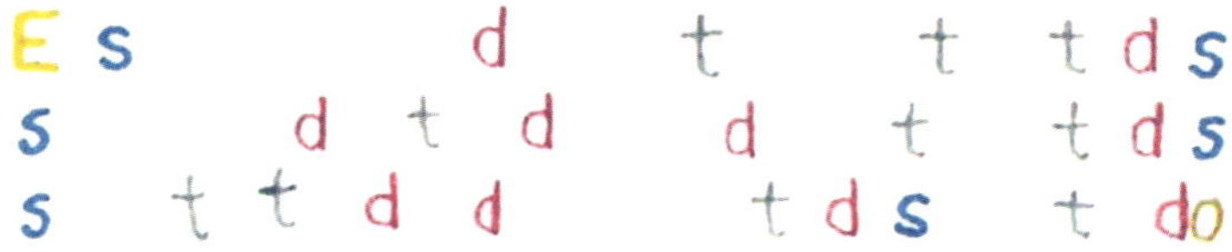 E s   d   t   t   t d s
   s   d t d   d   t   t d s
   s   t t d d   t d s   t do

GRÁFICO 2.5 Reunião de todos os fonemas, evidenciando a teia sonora desse fragmento de poema.

5. 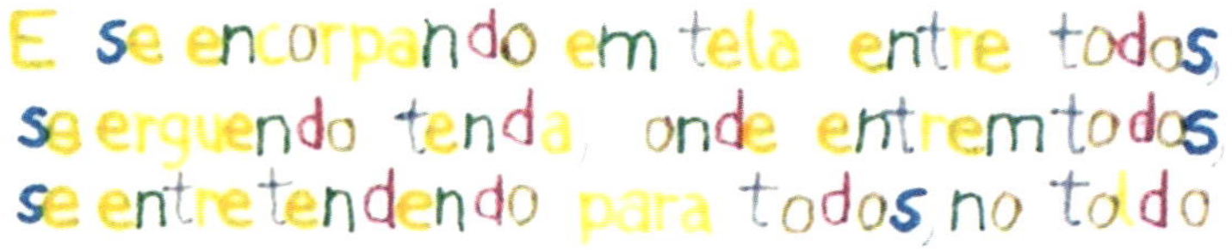 E se encorpando em tela entre todos,
   se erguendo tenda, onde entrem todos
   se entretendendo para todos, no toldo

Os fonemas aliterados se organizam simetricamente. As sibilantes /s/ nos extremos dos versos (Gráfico 2.1) atuam como ligação sonora dos outros lançamentos de fonemas que vão dando forma e força à eclosão do discurso. A organização dos fonemas cria imbricações fonológicas que vão se fazendo espaço dinâmico da "tessitura", onde as assonâncias (/e/ e /o/), as elisões e as aliterações se contagiam e se integram num "painel" que vai provocando "estalos" metafóricos pela composição da manhã.

A utilização de fonemas nasais atua como dêitico da formação gerundiva do título, intensificando o processo contínuo, os torneios dinâmicos da tessitura visual, sonora e intelectual. Mas, em verdade, o traço fonológico mais relevante desses três versos está na aliteração dos homorgânicos /t/ e /d/. A harmonia advém de contrastes anti-harmônicos, sugerindo ruídos, estalidos provocados pela oposição vozeamento/não vozeamento dos dois fonemas. Observando o Gráfico 2.4, percebe-se uma estrutura análoga à partitura musical. Dez fonemas oclusivos linguodentais sonoros e dez fonemas oclusivos linguodentais surdos compõem, com os demais, signos paronomásticos: entre/entrem, todo/todos/toldo, signos que sugerem a construção de formas mais definidas do espaço, tais como "encorpando", "tela",

78 TRANSIÇÃO E PERMANÊNCIA

"toldo", "tenda", "erguendo" etc., que, reunidos aos dois últimos versos da primeira estrofe ("desde", "teia", "tênue", "tecendo", "entre", "todos"), conduzem o discurso a um sincretismo semântico catalisado em novo signo, "entretendendo", que sugere todas as ocorrências realizadas pelo poema: "tenda", "entre", "tendendo", "entendendo". Constituído pelos fonemas dispostos nos gráficos, /t/ /d/ /o/ /e/ /n/, esse signo aponta para o uso da função metalinguística do discurso que o contém e sugere a possibilidade de ser a "tenda" criada no próprio "corpus poético". Essa ideia se faz presente nos demais signos anteriormente apontados. Seus semas são de duas naturezas. Por um lado, nos signos "encorpando", "tenda", "toldo", nota-se a sugestão de algo mais palpável, tangível, possuindo mais de uma dimensão: o caráter circular de tenda e a elevação consistente dela ("erguendo" e "toldo"). Mas, como surpresa aos olhos do leitor, a ideia de "entre" vai aumentando, a ideia do coletivo "todos" agora se utilizando do objeto construído ("onde entrem todos", "no toldo") vai dominando o espaço poético e surge, "de repente", uma forma sutilmente montada: a própria tenda da linguagem, construída entre os versos, valendo-se dos fonemas /d/ e /t/. Deve-se atentar para a diagramação:

$$d$$
$$d \quad t \quad d$$
$$d \quad d$$

A própria tenda se levanta dos fonemas, criando um círculo de cinco fonemas /d/ e de um núcleo de sustentação pelo fonema /t/. A ideia de circularidade remete a um pensamento de Paul Valéry (1938, p.149) quando compara o ato de andar com o ato de dançar. Para ele, andar está para a prosa, assim como dançar está para a poesia. Na dança (poesia), além de o dançarino (poeta) se valer de todos os gestos do andar, transcende a eles com uma expressão intraduzível encerrada em si mesma, sem uma preocupação de chegar a um determinado lugar. Realmente, a realização poética se estrutura em grupos de tensões que vão movendo os campos de significação do texto. Exemplificando, os fonemas /t/ e /d/, justamente por estarem muito próximos (são homorgânicos), distanciam-se magistralmente pela oposição sonoridade/surdez. Nesse sentido, muito bem diz Octavio Paz (1970, p.51): *"El lenguaje, como el universo, es un mundo de llamadas y respuestas; flujo y reflujo, unión y separación, inspiración y espiración. Unas palabras se atraen, otras se repelen y todas se corresponden. El habla es un conjunto de seres vivos, movidos por ritmos semejantes a los que rigen a los astros y las plantas"*.[1]

As paronomásias, as elisões, as assonâncias, a narrativa em gerúndio, a imagem visual sugerida, tudo assume dimensão sinestésica em vários níveis e o *"corpus* poético" realiza a sua autonomia a partir de vários galos, vários gritos, vários fios, todos eles elementos integrantes da alegoria criada, todos eles significativos no processo de representação do real por meio da simbologia artística. Essa forma de representação alegórica, capaz de subverter outra ordem de coisas, aproxima-nos de um questionamento da realidade que lhe serviu de matéria-prima. É necessário que o próprio discurso chame a atenção de si mesmo e do intérprete para o objetivo metafórico do poema, para que se possa sair do universo de linguagem em que se mergulhou:

(a manhã) que plana livre de armação.

Depois de atingir o máximo de soltura catalisada na inovação léxica, "entretender", o poema recupera o sujeito introduzido no nono verso da primeira estrofe: manhã. Por outro lado, "manhã" entre parênteses é seguida de uma expressão de caráter exclamativo "que plana livre de armação". Tomando como referência o enunciado já discutido dos dois primeiros versos, "Um galo sozinho não tece uma manhã:/ ele precisará sempre de outros galos", e a ruptura do nono e do décimo versos, "para que a manhã, desde uma teia tênue,/ se vá tecendo, entre todos os galos", dir-se-ia que o poema sugere, no 14º verso, a terceira etapa de libertação. Justamente, ao chamar a atenção (a manhã), propõe o aspecto dubitativo intensificado pelo "plana livre

---

1 "A linguagem, como o universo, é um mundo de chamadas e respostas, fluxo e refluxo, união e separação, inspiração e expiração. Algumas palavras se atraem, outras se repelem e todas se correspondem. A fala é um conjunto de seres vivos, movidos por ritmos semelhantes aos que regem os astros e as plantas." (tradução do editor)

80 TRANSIÇÃO E PERMANÊNCIA

de armação". Nem mesmo os fios (nem mesmo a manhã?) são, em verdade, elementos "tecedores". O fenômeno independe de possíveis criadores. A ideia de elevação horizontal contida no signo "plana" se funde à de leveza, iluminando, assim, a densidade visual de tenda que se erguia no verso número 12. Essa ideia de independência é explicitamente dita nos dois últimos versos do poema ao recobrar a metáfora-núcleo "manhã":

> A manhã, toldo de um tecido tão aéreo
> que, tecido, se eleva por si: luz balão.

Devem-se retomar, neste ponto, as possibilidades interpretativas contidas já no título do poema, que são agora recobradas no seu final. Sob o ponto de vista fenomenológico, "luz balão" resume o resultado do trabalho de elementos naturais coparticipantes do processo de construção cujo resultado (manhã tecida) passa a englobá-los. *Manhã* em sua amplitude, é para todos, é entre todos e todos dela participam enquanto reiniciação vital. *A Manhã*, da mesma forma, se constrói a partir de um trabalho coletivo.

A ideia de cooperação e de evolução implica oposições contínuas e dinâmicas que possam ir conduzindo a um "bem comum". Finalmente, "luz balão", consistência de toldo e suavidade aérea – vulnerabilidade (validade artística) que advém de uma quase invulnerabilidade do mundo.

A ideia de utopia já apresentada no início desta análise só se concretiza a partir do momento em que compreendemos "Tecendo a manhã" no conjunto de poemas que integram *A educação pela pedra*. Se, por um lado, fica explícita a concepção de poesia em movimento no desenvolvimento estético do poema, por outro, o conteúdo trabalhado nessa forma de composição não se coaduna com a postura dialética assumida em outros textos. A luminosidade circular que vai se constituindo a partir do verso número 8, capaz de criar "tenda, onde entrem todos", atinge a sua plenitude no último verso do poema na sua síntese final, "luz balão". O discurso, todavia, explicita, na sua própria formulação alegórica "Manhã", a total vulnerabilidade daquilo que foi composto ao dizer "A manhã, toldo de um tecido tão aéreo/ que,

AUTOTEXTUALIDADE/INTERTEXTUALIDADE   81

tecido, se eleva por si: luz balão". O caráter aéreo do que foi tecido corrobora o sentido frágil da sua estrutura. João Cabral, poeta da espessura e da concretude, deixa-nos entrever, de forma bastante sutil, essa
postura de jogo ideológico, como se se tratasse de uma armadilha para
os menos avisados. E como se fosse necessário haver uma equivalência
entre o poeta que fabrica o poema e o fruidor que o lê e analisa. Tratar-
-se-ia de uma equivalência de alerta para o trabalho de composição e
de relação entre as várias composições de uma obra. Como foi dito nas
primeiras linhas deste capítulo, existe uma ininterrupta remissão de
poema a poema no interior da obra, onde cada composição passa a ser
produto gerador de outro e de outros textos. Nesse sentido, podemos
acreditar, sem idealismo utópico, que "um galo sozinho não tece uma
manhã". Mas a própria remissão intertextual dos poemas revelará um
sentido compacto de uma realidade doída, onde é impossível a reunião
de todos sob o mesmo toldo e sob a mesma luz solar.

II

Em verdade, este capítulo se propõe a apreender algumas significações que se movimentam de um para outro poema ou no interior de
cada poema. Esses movimentos de sentido foram narrados em voz e
silêncio paralelos. A minha intenção, portanto, é captar um discurso-
-rio que vá interligando poças e liquefazendo a maneira pétrea da rua
de paralelepípedos com cobogós superpostos. Assim sendo, qualquer
que seja o primeiro tijolo quadrangular, servirá como pedra inaugural
ou fio nascente que vai ao encontro de outro fio. "(Coisas de cabeceira
somam: *exponerse*,/ fazer no extremo, onde o risco começa.)" (Melo
Neto, 1966, p.205). É entre o seco da pedra "capaz de tocar fogo" e
o úmido da água langorosa que se instaura a tensão crítica e inventiva dos poemas de *A educação pela pedra*. Como coisas que se ali-
nham na memória, postas em índice, denso e recortado, os poemas
vão sendo quantidades como unidade de qualquer medida. "Fazer
o seco, fazer o úmido" representa bem esses dois polos da estrutura
dialética da obra. Os seus elementos verbais se opõem e se ajustam na
arquitetura modular desse livro. Poema de dezesseis versos, estrofes

82 TRANSIÇÃO E PERMANÊNCIA

independentes, significa neste capítulo a afirmação daquilo que se pretende mostrar. Atua, assim, como duas águas (e por que não duas lâminas?) que perseguem uma maneira de ver o mundo.

FAZER O SECO, FAZER O ÚMIDO

1   A gente de uma capital entre mangues,
2   gente de pavio e de alma encharcada,
3   se acolhe sob uma música tão resseca
4   que vai ao timbre de punhal, navalha.

5   Talvez o metal sem húmus dessa música,
6   ácido e elétrico, pedernal de isqueiro,
7   lhe dê uma chispa capaz de tocar fogo
8   na molhada alma pavio, molhada mesmo.

9   A gente de uma Caatinga entre secas,
10 entre datas de seca e seca entre datas,
11 se acolhe sob uma música tão líquida
12 que bem poderia executar-se com água.

13 Talvez as gotas úmidas dessa música
14 que a gente dali faz chover de violas,
15 umedeçam, e senão com a água da água,
16 com a convivência da água, langorosa. (ibidem, p.210)

Partindo da palavra "música", que evoca uma série de relações sensíveis, o poema vai tramando significações num processo de expansão semântica. As duas estrofes parecem se realizar em espelho invertido no qual o úmido e o seco se cruzam na construção da imagem. Essa imagem reflete e refrata a situação do Homem colocado à margem de uma condição natural de vida. Tanto "A gente de uma capital entre mangues" quanto "A gente de uma Caatinga entre secas" "se acolhe[m] sob uma música". Porém, essa música se bifurca em duas maneiras de se entoar ou de se produzir, que resultam em "estados de ser" similares. Apesar da bifurcação em duas maneiras de execução, essa música revela nas almas das duas gentes o mesmo pavio torcido ou retorcido que caracteriza o tamanho e o estado das suas condições

AUTOTEXTUALIDADE/INTERTEXTUALIDADE

de vida. Apesar de caracterizador da gente entre mangues, a situação do homem da Caatinga, por expansão semântica, é sugerida como análoga àquela proposta pelo "pavio" da primeira estrofe. Quem vive "entre datas de seca e seca entre datas" vive também o seco retorcido de "pavio" à espera de qualquer "chispa" ou disponível a ela para que o fogo o ateie. Uma estrofe remete à outra o seu conteúdo e a sua macroestrutura, criando assim uma intersecção de universos de sentido que reduplicam a possibilidade de conjunção de forças, seja dos homens, seja do próprio sentido das imagens.

No poema em questão, o que se nota é a ocorrência de uma *intertextualidade* interna ou *autotextualidade*, na denominação de Gérard Genette (apud Dällenbach, 1976). Trata-se da remissão do texto para si mesmo, ou, melhor dizendo, para o seu próprio discurso. Nesse sentido, o uso da função metalinguística se dá de maneira mais profunda, pois vem integrada à função poética. O princípio de equivalência do eixo paradigmático se evidencia lexicalmente no eixo sintagmático. O efeito estético restabelece a ordem das relações poéticas, apontando para uma referencialidade crítica da realidade, e, ao mesmo tempo, para uma autometaforização da linguagem enquanto espaço capaz de produzir o seu estatuto. As oposições semânticas marcadas nos dois blocos estróficos se dão à base do processo antonímico dos verbos, adjetivos e substantivos atualizados. Esquematizando alguns aspectos do texto, temos:

Fazer o seco:

gente	entre mangues	almas	encharcada	se acolhe sob música	resseca
					timbre de punhal navalha
					metal sem húmus
					ácido
					elétrico
					pedernal de isqueiro

Fazer o úmido:

gente	entre secas	alma	seca	se acolhe sob música	líquida
					executar-se com água
					gotas úmidas
					chover de violas
					umedeçam
					água de água
					convivência de água
					langorosa

84 TRANSIÇÃO E PERMANÊNCIA

A intensificação dos estados de alma da gente dos mangues e da Caatinga é conseguida no poema por meio de imagens ou palavras concretas que, relacionadas à "música", provocam uma reação sensível recuperada por uma situação também concreta. O poema pode ser compreendido como um oxímoro dialético. É realizado pela interação de opostos em vários níveis. Conjugadas já no título, "Fazer o seco, fazer o úmido", as oposições vão constituindo a unidade do desenvolvimento do texto. Um dos elementos antitéticos que marcam os dois pontos de partida se realiza no primeiro verso da primeira e segunda estrofes; trata-se de "capital" e "Caatinga". Os traços de sentido do signo "capital" (essencialidade, ideia de fundamental, de muita importância, primariedade, notabilidade, cidade ou povoação principal) se opõem aos traços de sentido do signo "Caatinga" (árvores despidas de folhas durante a seca, espinheiros, cactáceo). Mas a gente que habita a capital fica entre mangues: terreno pantanoso das margens dos rios, desaguadouro dos rios, onde, em geral, vegeta o mangue.[2] Ambas as situações geográficas são desprovidas de condições e, nesse sentido, percebe-se a unificação dos dois planos evidenciados pelas duas estrofes. Deve-se notar que as duas situações estróficas buscam ou sugerem a transformação das contingências pela "limpidez" da alma. No primeiro caso, a "alma encharcada" da situação-mangue (pantanoso, resto) é realmente encharcada e, portanto, a música que a acolhe é extremamente "resseca". A indubitável situação interior (e exterior) da gente dali – é "capaz de tocar fogo", cuja imagem, remetendo ao universo simbólico, sugere transformação. No segundo caso, a transformação é sugerida pela "autenticidade" da secura da alma, que se acolhe sob uma música tão líquida "capaz de umedecer" as contingências da seca da Caatinga. As relações de similaridade, seja no plano da expressão, seja no plano do conteúdo, dão-se no eixo paradigmático ou de seleção, enquanto as relações por contiguidade pertencem ao eixo sintagmático. Para Roman Jakobson (1969a, p.55), as ocorrências por similaridade são mais próprias da poesia, enquanto as ocorrências pelo processo de contiguidade são mais próprias da prosa. Em João Cabral

---

2 Cf. Aurélio Buarque de Holanda Ferreira, *Pequeno dicionário brasileiro da língua portuguesa*.

AUTOTEXTUALIDADE/INTERTEXTUALIDADE
85

existe uma constante interação dos dois planos da linguagem, sendo isso talvez um dos mais relevantes responsáveis pelo caráter discursivo da sua poesia. No poema em questão, a partir de dois todos, capital/Caatinga, e de dois todos, gente/gente, o poema vai relacionando imagens/partes (processo metonímico) que vão conduzindo a significação a dimensões metafóricas. As camadas semânticas vão se sobrepondo e gerando, em semioses sucessivas, situações particulares (individuadas) e ao mesmo tempo coletivas. As imagens caracterizadoras de "gente" são realizadas pelos epítetos ou pelas repetições singularizadoras, tais como "alma pavio", "alma encharcada", "molhada alma", que se estendem semanticamente com demonstrativos enfáticos, como é o caso de "molhada mesmo". E é essa integridade das partes, sem sombra de dúvida advinda dos pântanos dos mangues da capital, que propicia a capacidade latente de atear fogo por uma chispa do metal sem húmus. "A gente entre mangues" é especificada como "gente pavio". Por esse motivo, cria-se uma oposição clara e implícita (presença e ausência) entre essa gente e uma outra gente da capital. O mesmo ocorre na segunda estrofe, no que diz respeito à "gente entre secas" da Caatinga que se opõe a uma outra gente. Por toda a presentificação enfática dada à gente-pavio e à gente-seca, marginalizada por condições sociais, capta-se no poema uma oposição fundamentalmente social, que não é apenas apontada pelo poema, mas também no poema se instaura a tensão crítica e a possibilidade de transformação dessa realidade social. A música, convencionalmente agradável e envolvente, adquire no texto um caráter agressivo, cortante, porém acolhedor. E o tom pétreo e langoroso que vai no espírito dessa gente. Música, símbolo do coletivo em harmonia, passa a significar o recolhimento coletivo que *sob* ela se aconchega. Mas essa música possui um ressecamento, fruto do metal sem húmus, e, assim sendo, não *acomoda a alma pavio*, pelo contrário: *incomoda-a*. O demonstrativo "dessa" cria uma especificidade por estranhamento da música cujo timbre evidencia armas brancas, metais de corte, punhal, navalha. O aguçamento irritante se intensifica na expressão "ácido e elétrico" da aparente contenção sugerida no acolhimento, ameaçando uma implosão ígnea e, portanto, transformadora.

III

Esse intrincado diálogo entre os textos na composição do sistema da obra prossegue. Daquela situação aguda e "agulhíssima" que "Fazer o seco, fazer o úmido" enunciou, passamos à leitura do poema "Agulhas", cuja agudeza já se anuncia no título pluralizado que parece intensificar o "cítrico" desse símbolo "fino" e "ferino". "Agulhas", microssituação proposta no primeiro poema pela contundência aguda da lâmina e da navalha daquela música capaz de tocar fogo na alma por um átimo de chispa. O detalhe metonímico-metafórico se agiganta nesse outro poema, onde o enrijecimento se acentua, onde a pedra realmente se fortalece como imagem da hostilidade. Hostilidade essa que se dá em dois níveis que se completam: hostilidade cósmica e hostilidade humana. Passando à leitura da composição, temos:

Agulhas

1 Nas praias do Nordeste, tudo padece
2 com a ponta de finíssimas agulhas:
3 primeiro, com a das agulhas da luz
4 (ácidas para os olhos e a carne nua),
5 fundidas nesse metal azulado e duro
6 do céu dali, fundido em duralumínio,
7 e amoladas na pedra de um mar duro,
8 de brilho peixe também duro, de zinco.
9 Depois, com a ponta das agulhas do ar,
10 vaporizadas no alísio do mar cítrico,
11 desinfetante, fumigando agulhas tais
12 que lavam a areia do lixo e do vivo.

2

13 Entretanto, nas praias do Nordeste,
14 nem tudo vem com agulhas e em lâmina:
15 assim, o vento alísio que ali visita
16 não leva debaixo da capa arma branca.

AUTOTEXTUALIDADE/INTERTEXTUALIDADE 87

```
17  O vento, que por outras leva punhais
18  feitos do metal do gelo, agulhíssimos,
19  no Nordeste sopra brisa: de algodão,
20  despontado; vento abaulado e macio;
21  e sequer em agosto, ao enflorestar-se
22  vento-Mata da Mirueira a brisa-arbusto,
23  o vento mete metais dentro do soco:
24  então bate forte, mas sempre rombudo. (Melo Neto, 1966, p.227)
```

"Agulhas", metáfora geral, engloba todo o poema nas suas relações internas. Dividido em duas partes, porém uma interseccionada à outra ou uma complementando a outra. Não se consegue compreender uma sem se compreender a outra. Nesse caso (o que não acontece com o poema anterior), a relação entre o primeiro bloco estrófico e o segundo se dá por níveis diferentes de relações semânticas, gerando, assim, dentro do próprio discurso poético, as duas situações de conflito: a primeira ao nível da evidência (estrofe 1) e a segunda ao nível do ocultado (estrofe 2). O elemento catalisador dos dois polos de significação está manifestado no traço metonúnico *ponta*, que, na primeira parte, é caracterizada como finíssima, acutíssima, e na segunda se dilui em metais escondidos dentro do soco do vento. Nesse último caso, torna-se rombudo (mal aparado, mal aguçado, rude).

A sutileza doída da primeira estrofe ("agulhas da luz", "agulhas do ar") parece captar o real de maneira mais fiel, pois *tudo* padece sob as pontas das agulhas-símbolo. Já na segunda estrofe as imagens expressam o torneado, o disfarçado onde o alísio do vento parece injustiçar, trair a realidade e de repente agredi-la, pois os metais vêm dentro do soco. Pelo próprio caráter do vento, é com ele mais fácil o envolvimento do meio e, em se tratando de falsa relação, o desmascaramento assusta. O poema exige uma leitura continuada, sequenciada, dado o seu desenvolvimento: nos dois primeiros versos, existe uma afirmação:

"Nas praias do Nordeste, tudo padece/ com a ponta de finíssimas agulhas". A partir de uma localização espacial, "nas praias do Nordeste", cria-se uma generalização neutra, "tudo", sujeito do verbo que provoca a disforia, "padece". Ao atualizar o adjetivo "finíssimas"

88 TRANSIÇÃO E PERMANÊNCIA

referente a "agulhas", o contexto semântico se expande e intensifica o valor de "ponta" e a sensação daquilo que padece *sob* ela. O grau superlativo daquele adjetivo promove sonoramente o signo e a sensação de agudeza dele procedente. "Agulha" por si mesma é núcleo do enrijecimento metálico e perfurador a que se submetem e se transformam os elementos cósmicos, tais como a luz, o céu, o ar e o mar. O clima do poema e da paisagem por ele expressada vai se tornando fantástico à medida que a "acidez" das agulhas envolve aqueles elementos cósmicos enumerados. Os elementos são munidos de estranha consistência no espaço do texto e é dessa forma que o poema vai nos desvencilhando das sublimes remissões que uma tradição estereotipada e idealista nos legou. Nessas lições de pedra, como já foi dito na análise do poema-título, emerge uma consciência crítica a partir do momento em que o leitor, após se relacionar com o objeto de fora para dentro, vai conseguindo frequentar esse mesmo objeto de dentro para fora. Assim ocorrendo, a realidade expressa pela poesia vai se fazendo precisa aos nossos olhos e com ela as pontas de finíssimas agulhas nos atingem. Desvendar as metáforas significa, nesta obra, assumir uma relação (ou reação?) entre nós mesmos e a realidade desvendada.

Dividindo o "padecimento" em dois níveis, o poeta inicia pelas agulhas da luz:

primeiro, com a das agulhas da luz
(ácidas para os olhos e a carne nua),
fundidas nesse metal azulado e duro
do céu dali, fundido em duralumínio,
e amoladas na pedra de um mar duro,
de brilho peixe também duro, de zinco.

A linguagem expressa negatividade. Expressa rejeição de uma realidade cósmica que justifica a música resseca de alma langorosa capaz de expressar-se com água. O céu é o palco de duralumínio onde a fundição das agulhas acontece. O elemento transformador está expresso na própria metamorfose cósmica onde o céu de encantos românticos passa a atuar como carrasco. O mar atua como arrolador ou pedra lixadora das pontas de agulhas metálicas, provenientes do sol. As imagens são tão concretizadas que propiciam visualização do "espetáculo" trágico criado pelas agulhas invasoras. Apesar do caráter concreto, o texto deixa entrever um processo dinâmico, que se acentua nas prosopopeias que dominam o "cenário" do poema. Agulhas são elementos agentes de uma situação onde os outros elementos colaboram para a sua "purificação". Mas não nos esqueçamos de que esse teor prosopopaico do texto revela o seu reflexo: o homem dali que padece sob pontas de finíssimas agulhas. Colocadas entre parênteses, duas sinédoques valem pelo indício humano que recebe as agulhas da luz: "(ácidas para os olhos e a carne nua)". A vida humana, a condição do Homem representada pelos *olhos*, elemento expressivo de quem ali vive e de quem ali vê sofrer, e *carne nua*, expressão que especifica o que sofre sob o apontamento cruel das agulhas que agem do alto sobre essas vidas.

Os seis versos analisados até este ponto atualizam-se respeitando uma sequência sintática, não apresentando as rupturas próprias da maioria dos poemas da obra. Mantêm a utilização do *enjambement*, fortalecendo o caráter discursivo da "fábula" que enuncia. Inovador no texto é o tratamento que se confere aos signos organizados. Destituídos dos seus valores ideológicos, os signos tornam-se *coisas duras*, hostis, e desintoxicados das suas significações "líricas". Assim, um antilirismo agressor vai recuperando a "linguagem perdida" e lhe outorgando relações semânticas novas, recuperando dessa forma o próprio lirismo. Se no primeiro momento da ação trata-se de agulhas fundidas no céu de "duralumínio,/ e amoladas na pedra de um mar duro,/ de brilho peixe também duro, de zinco", vejamos no segundo momento:

> Depois, com a ponta das agulhas do ar,
> vaporizadas no alísio do mar cítrico,
> desinfetante, fumigando agulhas tais
> que lavam a areia do lixo e do vivo.

A metamorfose alquímica parece prevalecer no desenvolvimento do poema. De elemento amolador, o mar passa a ser cítrico e desinfetante das agulhas e ainda elemento transformador do metal em vapor (processo de sublimação). Essa ideia de sublimação das agulhas altera também no poema a concepção que temos de ar, enquanto símbolo dos idílios, dos sonhos, das fantasias, para nos remeter ao ar que se respira ou às contingências que pairam no ar. O "ar" passa a conservar em si as pontas de agulhas sublimadas. Nesse sentido, "Agulhas" metaforiza e evidencia todo o padecimento, o incômodo de uma situação humana, colocada numa ambiência agreste. "Praias do Nordeste" funciona como sinédoque alegórica para expressar uma realidade mais ampla, assim como funcionam os elementos cósmicos, expressando a hostilidade dos homens.

A segunda parte desse poema traz a contraparte da situação evidenciada na primeira. Iniciando-se com um "entretanto", já contraria aquilo que em si mesmo é adverso. Reiterando "nas praias do Nordeste", vale-se da redundância como forma de apontar a *mesma* praia que, na verdade, faz-se outra. No segundo verso, "nem tudo vem com agulhas e em lâmina", o verbo "vir" corrobora a irônica magia da ação do alto para baixo. A partícula negativa "nem" contraria, numa primeira instância, o "tudo" que precedeu "padece" na primeira estrofe. Todavia, o verso da primeira estrofe mostrava uma conjunção de luz e agulha e, nessa segunda parte, diz "nem tudo vem com agulhas e em lâmina". O que era explícito na luz é implícito no *vento*. Aquela impressão áspera e ácida, expressa inclusive pelas aliterações na primeira estrofe, conseguia mostrar o enrijecimento corrosivo dos elementos cósmicos (céu, mar, luz e ar), que agora vem amainado pela suavidade do vento por meio de vocábulos como "algodão", "abaulado", "macio", "brisa-arbusto", que possuem aspecto circular, opondo-se àquela imagem pontiaguda das agulhas da primeira estrofe. É nesse sentido que o *vento* alísio trai a própria realidade que visita. Com a aprazível aparência que possui, o vento de agosto da Mata da Mirueira (uma das zonas geográficas em que se dividem Pernambuco e estados vizinhos, entre a praia e o "agreste", caracterizada pela fertilidade do solo, exuberância e grande porte da vegetação) esconde metais dentro do soco, batendo forte, mas sempre rombudo.

IV

O ponto alto no tratamento da "luminosidade" dialética nessa linha que vim perseguindo nas "composições em seco" de *A educação pela pedra* se dá na fala de fora para dentro. Nesse movimento, o tangível, o visual ocupam o lugar de um envolvimento abstrato e idílico. Mantendo as relações de intertextualidade no tema e em traços estilísticos bastante marcados, em "Os reinos do amarelo" o poeta aproximou demasiadamente sua câmera da paisagem nordestina, captando de maneira sensível, com lentes especiais, uma realidade *cobre/pobre* que muito bem se coaduna com a sua síntese: *podremente*. Como se poderá notar a seguir, o cromático, o tático, o tangível são como medidas impiedosas de que se vale o poeta para nos apresentar:

Os reinos do amarelo

1   A terra lauta da Mata produz e exibe
2   um amarelo rico (se não o dos metais):
3   o amarelo do maracujá e os da manga,
4   o do oiti-da-praia, do caju e do cajá;
5   amarelo vegetal, alegre de sol livre,
6   beirando o estridente, de tão alegre,
7   e que o sol eleva de vegetal a mineral,
8   polindo-o, até um aceso metal de pele.
9   Só que fere a vista um amarelo outro,
10   e a fere embora baço (sol não o acende):
11   amarelo aquém do vegetal, e se animal,
12   de um animal cobre: pobre, podremente.

2

13   Só que fere a vista um amarelo outro:
14   se animal, de homem: de corpo humano;
15   de corpo e vida; de tudo o que segrega
16   (sarro ou suor, bile íntima ou ranho),
17   ou sofre (o amarelo de sentir triste,

18 de ser analfabeto, de existir aguado):
19 amarelo que no homem dali se adiciona
20 o que há em ser pântano, ser-se fardo.
21 Embora comum ali, esse amarelo humano
22 ainda dá na vista (mais pelo prodígio):
23 pelo que tardam a secar, e ao sol dali,
24 tais poças de amarelo, de escarro vivo. (Melo Neto, 1966, p.245)

"Os reinos do amarelo" é movimento puro. O seu caráter visual e a sua gradação de sentido se embaraçam numa integração das mais perfeitas da obra. Comunicação e composição repousam harmonicamente num único espaço discursivo. O poema pertence a uma sequência de poemas, como me propus a apontar neste capítulo, de equivalências observáveis, corroborando as relações intertextuais. Atuam como fotografias expressivas de uma realidade específica (Nordeste brasileiro), cujo jogo de imagens propicia uma ampliação para as condições de injustiça social, apreendendo oposições marcantes de uma condição de vida. Os poemas equivalentes giram em torno do mesmo sol que de maneira arguta ilumina os personagens desse espetáculo. Poema alegórico, cujo emblema subverte a sua própria montagem, pois revela uma ironia encarnada, amarela e sorridente. Trata-se de uma composição patética que conjuga a beleza artística a uma referência humana mutilada. O belo artístico se realiza a partir do feio que constitui o mundo. Em "Os reinos do amarelo", a pluralização do título, seu enfoque cromático e uso do signo "reino" criam uma conjunção de sentidos que encontra no corpo do discurso várias linhas de significação. As repetições lexicais, assim como as enumerações, provocam aparente redundância na composição, pois atuam como epítetos reveladores da realidade. Logicamente, as progressões analógicas colocadas em contínuas relações são próprias da natureza da metáfora (Nunes, 1969, p.267-268), mas como não são imagens interseccionadas, e sim justapostas, o seu efeito passa a ser o de revelar o avesso do avesso e não de ocultar.

Os sentidos que perseguem tradicionalmente o signo "amarelo", tais como riqueza, ouro, nobreza, associados ao também convencional valor do imperialismo nobre dos reinos, encontram no poema uma subversão semântica minada pela ironia alegórica que o conduz. Essa

AUTOTEXTUALIDADE/INTERTEXTUALIDADE 93

representação alegórica, em todo o seu esplendor, coloca-se no cenário luzidio como sendo o espetáculo anunciado e apresentado com a abertura de coloridas e grandes cortinas de cetim. E o espetáculo se monta pela "maravilhosa" gradação do amarelo fundida à gradativa e sonora condição temática que vai se desencadeando ao longo da representação. Na sua primeira parte, o poema nos remete à beleza mitológica do paraíso encantado, ilustrado com os "frutos da terra":

1   A terra lauta da Mata produz e exibe
2   um amarelo rico (se não o dos metais):
3   o amarelo do maracujá e os da manga,
4   o do oiti-da-praia, do caju e do cajá;
5   amarelo vegetal, alegre de sol livre,
6   beirando o estridente, de tão alegre,
7   e que o sol eleva de vegetal a mineral,
8   polindo-o, até um aceso de metal de pele.

Há excesso de luz. Mais uma vez, como ocorreu com os detalhes finíssimos das agulhas, o poeta fotografa os efeitos da luminosidade. Essa luz faz reluzir o que os olhos querem ver a olho nu, todavia faz também reluzir o que os olhos preferem não ver, pois vai mais longe, numa dimensão íntima de uma realidade social, mostrada com profunda verossimilhança. Além de iluminar o real com toda a intensidade, ilumina também a expressão de linguagem no tratamento dessa realidade. Ao se tentar fazer uma abordagem analítica desse tipo de discurso, o crítico se defronta com o seguinte problema: o universo extraverbal catalisado no seu espaço é intraduzível sob a forma de metalinguagem crítica. A sua composição crítica parece invadir outras esferas estéticas como a música e a pintura.

Os dois blocos estróficos do poema manifestam duas situações distintas. Na verdade, as duas situações são aparentemente diferentes num primeiro contato que temos com o texto. Pois, num segundo momento, percebemos que se trata de uma situação única, prenunciada desde o primeiro verso. A euforia que parece dominar a primeira estrofe passa a significar uma disforia subliminar a partir do momento em que as relações semânticas vão sendo realizadas. Logo no primeiro verso, tem-se: "A terra lauta da Mata produz e exibe/ um amarelo rico (se não o dos metais):". Conduzido pela assonância do fonema /a/ e pela aliteração do fonema linguodental surdo /t/, o primeiro verso cria ondulações sonoras na sua primeira parte (hemistíquio) que se harmoniza na segunda parte com a aliteração das sibilantes e o emprego de fonemas vocálicos fechados. Se por um lado a opulência da terra *produz* e *exibe* um *amarelo rico*, por outro, dada a organização e seleção dos signos no contexto, o leitor possui outras possibilidades de relacionar esses mesmos signos. Dada a proximidade fonética dos vocábulos e o contexto semântico do discurso, somos levados a unir, por exemplo, o artigo definido "A" ao substantivo "terra", o que provoca a formação de um terceiro vocábulo: aterra, do verbo aterrar, que logo depois do adjetivo "lauta" é acompanhado pelo substantivo "Mata", que, nessa linha de sentido, passa também a atuar como ambivalente significativo (verbo matar), bastante pertinente no conjunto semântico do texto. Enquanto, no primeiro período, o vocábulo "amarelo" (acompanhado de todos os seus determinantes) aparece como objeto direto, não se dá o mesmo nas outras orações iniciais: nestas, ele se torna *sujeito*. No primeiro verso, o "amarelo" é "produzido" e "exibido"; nos versos 9 e 13 o "amarelo *fere*", e nos versos 21 e 22 "esse amarelo humano/ *ainda dá na vista*". Deve-se notar que o fato de o único "amarelo" com função de objeto direto ser o amarelo *rico*, produzido e exibido pela "terra lauta da Mata", determina a isotopia do discurso. É como se se tratasse de uma central (terra lauta) de força a partir da qual todos os efeitos se ligam. Os verbos "produzir" e "exibir" se sucedem numa progressão semântica e entram no desenvolvimento do discurso como únicos elementos de ação provocados pela terra. No verbo "exibir" se concentra o sentido demonstrativo que, apesar de não ser atualizado gramaticalmente no poema, apresenta-se em todo o texto como recurso elíptico que se presentifica nas relações de sentido. Dessa forma, as designações apontadas pelos dois primeiros versos podem ser compreendidas em duas dimensões. A primeira, imediata, superficial, visualmente apresentada, estaria na produção e exibição do amarelo rico que lembra o dos metais, das cascas, das peles de frutos da terra; a segunda, mais interna, mais verdadeira, seria a função opressora, sufocante e falsa da terra lauta da Mata. Essa beleza

AUTOTEXTUALIDADE/INTERTEXTUALIDADE   95

de pele que oculta o podre da fruta é expressa pela primeira parte do
poema nos versos de 1 a 8 e assim enumerados:

amarelo rico:
    amarelo do maracujá
      (amarelos) da manga
      (amarelo) do oiti-da-praia
      (amarelo) do caju
      (amarelo) do cajá
    amarelo do vegetal
      (amarelo) de sol livre
      (amarelo) estridente
      (amarelo) elevado de vegetal a mineral
      (amarelo) polido pelo sol.

Deve-se notar que o *amarelo rico* produzido e exibido pela terra
lauta da Mata nada mais é que o reflexo exteriorizado de uma condição obscura. Trata-se de amarelos *externos*. São amarelos de peles
que escondem a textura dos elementos que envolvem. São resultados
da luz solar que não atravessa a epiderme das frutas. Quanto a elas,
são especiais: apresentam carnação espessa, concisão de estrutura,
polimento de casca; a manga, o maracujá, o caju, o cajá, o oiti-da-
-praia são frutas não muito aquosas de casca lisa e de fácil polimento.
Algumas – é o caso da manga e do oiti-da-praia – apresentam fibras
internas como forma de resistência. São esses os frutos exibidos pela
terra que, na verdade, são amarelados pelo sol. Trata-se do amarelo
vegetal – primeiro reino apresentado –, amarelo alegre de sol livre.
São valores claros, luzidios, sem compromisso maior. Esse não compromisso entra em contradição com o sentido marxista de produção e
de valor que a terra possui nesse processo. Os frutos são praticamente
naturais e parecem excluir o trabalho do homem no preparo da terra.
Os frutos parecem brotar da terra abundante que na verdade *só* recebeu o apoio do sol. Interessante a ausência do processo gradativo.
Tem-se já o resultado amarelo e lustroso. Essa ausência ressalta nessa
sorridente amostragem e no trágico efeito do *amarelo outro*, que *fere
a vista*, como se pode notar no verso número 9 introduzido por uma

96 TRANSIÇÃO E PERMANÊNCIA

adversativa. O "sol livre" que produz o "amarelo alegre", "beirando o estridente", é o "amarelo vegetal". Esse *vegetal* é *elevado* pelo *sol* a *mineral*. Os versos de 9 a 12 falam de "um *animal aquém* do *vegetal*". Os versos da segunda estrofe contêm o sema "humano". O verso 13 é o 9 repetido, mas dessa vez a sequência do poema é dada pelo animal *humano*. A gradação dos reinos está ligada à reluzência do amarelo de sol livre – amarelo, como já vimos, que beira o "estridente" –, signo esse que é sugestivo pelo contexto semântico a nos remeter à sua forma paronomástica "entredentes", que parece ser toda a condição desse discurso poético. A euforia que domina a primeira estrofe é tanta que corre o risco de se trair, revelando o seu contrário. E isso acontece a partir dos últimos versos da primeira estrofe, quando o "amarelo outro" (verso número 9) é apontado e desenvolvido na estrofe seguinte. Amarelo baço e mesmo assim capaz de "ferir a vista", trata-se de um amarelo "aquém do vegetal". O amarelo que rapidamente conseguia se elevar pelas facilidades do sol livre, nos oito primeiros versos, de um para outro reino, agora recua numa indeterminação da sua matéria – "*aquém* do vegetal" (verso número 11) "e *se* animal" (verso número 11), "de um animal cobre: pobre, podremente" (verso número 12). Essa indeterminação do amarelo no que diz respeito ao reino a que pertence é explicável se considerarmos em que condições ele aparece. Como se se tratasse em estágio de putrefação, de subvida, o *Homem*, que passará a ser motivo central do poema, realmente não pode ser qualificado como foi possível fazer com os *frutos da terra*. O verso número 12 é a razão, se não a síntese, dos versos anteriores e posteriores a ele. Atentando para sua estrutura, temos:

de um animal cobre: pobre, podremente.

O que ressalta em primeiro lugar é a decomposição sonora dos signos na sequência paronomástica: /kobri pobri podrimẽti/. Esse obscurecimento provocado pelo fechamento do "o" dá-nos a impressão de um brusco fechamento do sol por alteração meteorológica. E esse fato também se evidencia sob o ponto de vista semântico, ocorrendo um processo de decomposição cromática que de amarelo alegre de sol livre passa a um amarelo cobre – metal de categoria inferior e de cromação mais escura –, alaranjado, tendendo ao marrom. A decomposição do reino indeterminado – talvez *animal* – se desenvolve numa escala de elementos do *Homem* próprios de fase em decomposição. Os quatro versos finais da primeira estrofe e toda a segunda estrofe terão como sema constante o *humano*, que se mostra decomposto em suas manifestações amarelas, como podemos enumerar, respeitando a ordem em que aparecem no discurso:

amarelo outro:
(amarelo) baço
(amarelo) não aceso pelo sol
amarelo aquém de vegetal
(amarelo) (se) animal
(amarelo) de animal cobre: pobre, podremente
amarelo outro:
(amarelo) de homem
(amarelo) de corpo humano
(amarelo) de corpo e vida

(amarelo) de tudo que *segrega*:
(amarelo) de sarro
(amarelo) de suor
(amarelo) de bile íntima
(amarelo) de ranho

(amarelo) de tudo que *sofre*:
(amarelo) de sentir triste
(amarelo) de ser analfabeto
(amarelo) de existir aguado

amarelo que nos homens dali se adiciona o que há em ser pântano, ser-se fardo
amarelo comum *ali*
amarelo humano

tais poças de amarelo, de escarro *vivo*.

98 TRANSIÇÃO E PERMANÊNCIA

Como já disse, toda a segunda estrofe possui como sema constante o *humano*. Humano é o que se manifesta de *dentro para fora* ("sarro ou suor, bile íntima ou ranho") ou de *fora para dentro* ("o amarelo de *sentir* triste, de *ser* analfabeto, de *existir* aguado"). Esse movimento de fora para dentro e vice-versa manifesta-se em vários pontos da segunda estrofe: "sarro" (elemento criado nos dentes por causa do tabaco: dirige-se, portanto, de fora para dentro); "bile íntima" (a secreção da bile é interna, de dentro para dentro); "suor" e "ranho" (substâncias que o ser humano expele: de dentro para fora). Deve-se notar que esse movimento que se dá nas relações lexicais e semânticas também ocorre na camada fonológica do poema. Quanto à organização das assonâncias, aspecto marcante em toda *A educação pela pedra*, ao fazer um levantamento estatístico deparamo-nos com 120 fonemas vocálicos abertos (/a/ /ɛ/ /ɔ/) e 144 fonemas vocálicos fechados, incluindo os nasais (/ã/ /ẽ/ /o/ /ʊ/ /μ/). Isso corresponde ao movimento de abertura e fechamento dos amarelos já considerados. Nessa linha de organização, o poema reserva posições especiais para o fonema /i/ (41 ocorrências), que, por sua própria constituição sonora, reflete uma agudeza interior. É esse fonema vocálico que predomina nos vocábulos mais representativos desse movimento de interiorização. Esse movimento se acentua da seguinte forma: o elemento segregado de *dentro* para *dentro* ("bile íntima") só pode ser elemento realmente interior, sob o ponto de vista semântico. Isso equivale a dizer que aparentemente o uso do adjetivo "íntima" é redundante: a bile já é íntima por natureza. Mas, na verdade, esse adjetivo vem reiterar o aspecto interior da bile e singularizar, por esse epíteto, a sensação abstrata de amargor sensível nesse movimento de interioridade.

Nos dois versos seguintes – 17 e 18 –, não se fala mais de um amarelo "físico", não mais se trata de *segregar* algo, mas de *sofrer* contingências que poderíamos chamar "de ambiente". É um amarelo de "estado", conforme se observa nos verbos "sentir", "ser" e "existir". O verbo "ser" já é de natureza indicativa de *estado* ou *qualidade*. Os outros verbos não o são, mas assumem esse caráter dada a forma como são atualizados no poema: no modo infinitivo seguidos de predicativos: "aguado", "triste", "analfabeto".

AUTOTEXTUALIDADE/INTERTEXTUALIDADE

Nos versos 19 e 20, esse amarelo instalado no homem "adiciona" a si qualidades de "pântano", de "fardo". São qualidades porque esses termos aparecem antecedidos pelo verbo copulativo "ser". Essas qualidades – de "pântano" e "fardo" – tomam o homem dali, num processo progressivo, dando a impressão de que o "homem dali" *torna-se* fardo. A progressão corrobora-se com o uso de "esse amarelo humano", no verso 21. Até aqui, o "humano" não havia sido usado tão próximo de "amarelo". A aproximação "espacial" dos termos na sintaxe do poema propõe, no nível da significação, a aproximação dos próprios referentes.

O processo de deterioração iniciado no verso 12 da primeira estrofe se desenvolve em três etapas. Num primeiro momento, temos *água* que o homem *segrega*. Em seguida, *água* que o homem *sofre*; finalmente – e esse é o ponto culminante do processo que ocorre nos últimos quatro versos do poema – temos algo que se *adiciona* no homem, que é posto nele, sem que seja por uma própria iniciativa: o homem é apenas *lugar onde*. "Ser pântano", "ser-se fardo" vai tomando proporções e se revelando com os seus caracteres humanos: "poças de amarelo, de *escarro vivo*". Assim, primeiramente o homem *segrega* amarelos, em seguida *sofre* amarelos e, finalmente, os elementos adicionados ao homem introduzem de maneira contínua e em grande quantidade os semas que lhes são próprios: "apodrecimento", "desvitalização", "excrementicidade". Pouco a pouco, o sema "humano" *vai* sucumbindo à grande quantidade dos outros que o deterioram, que o contaminam. Esse processo de contaminação é visível nos três últimos versos do poema, onde o sema "humano" deixa de ser núcleo sêmico dos vocábulos que o constituem, passando a ser um sema contextual.

Em "Os reinos do amarelo", a movimentação imagética se realiza a partir dos três elementos: *terra, sol* e *água*. Como já apontamos, *água*, por meio dos seus derivados semânticos ("aguado", "pântano", "poças", "escarro vivo", "tardam a secar"), está ligada, negativamente, ao processo de deterioração. A *terra* "produz" e "exibe" o amarelo rico, enquanto o *sol* passa a possuir dupla função no espaço do poema. Na primeira parte, enquanto "sol livre", atua como elemento ilustrador do amarelo, elemento *transformador* capaz de elevar o amarelo de vegetal a mineral. Trata-se de um *sol* tão alegre que beira o estridente. Já na segunda parte, "sol" deixa de ser agente e passa a ser elemento circunstancial que chega a retardar o secamento do "escarro vivo". A função mágica exibida na primeira estrofe converte-se em elemento circunstancial que acentua a rijeza hostil da segunda. É como se se tratasse de dois *sóis* que atingissem a *terra* em dimensões diferentes.

FIGURA 2.1   As diferentes dimensões que corresponderiam a duas graduações de amarelos.

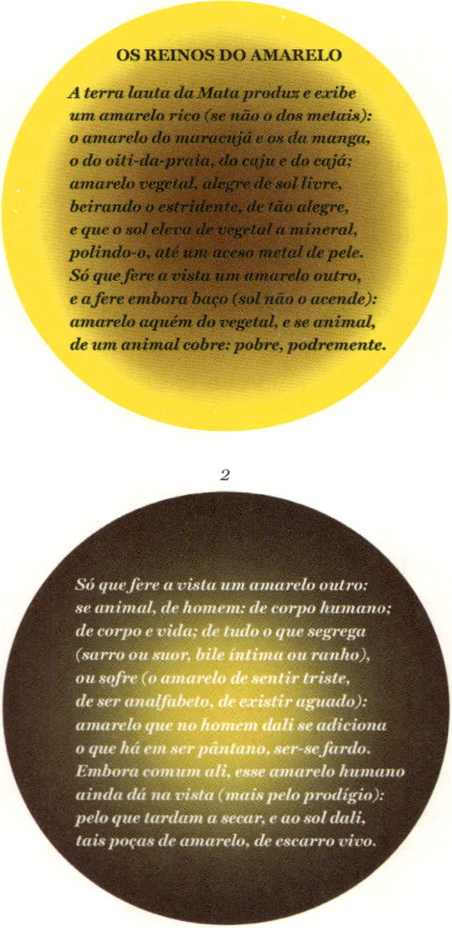

OS REINOS DO AMARELO

*A terra lauta da Mata produz e exibe
um amarelo rico (se não o dos metais):
o amarelo do maracujá e os da manga,
o do oiti-da-praia, do caju e do cajá;
amarelo vegetal, alegre de sol livre,
beirando o estridente, de tão alegre,
e que o sol eleva de vegetal a mineral,
polindo-o, até um aceso metal de pele.
Só que fere a vista um amarelo outro,
e a fere embora baço (sol não o acende):
amarelo aquém do vegetal, e se animal,
de um animal cobre: pobre, podremente.*

2

*Só que fere a vista um amarelo outro:
se animal, de homem: de corpo humano;
de corpo e vida; de tudo o que segrega
(sarro ou suor, bile íntima ou ranho),
ou sofre (o amarelo de sentir triste,
de ser analfabeto, de existir aguado):
amarelo que no homem dali se adiciona
o que há em ser pântano, ser-se fardo.
Embora comum ali, esse amarelo humano
ainda dá na vista (mais pelo prodígio):
pelo que tardam a secar, e ao sol dali,
tais poças de amarelo, de escarro vivo.*

FONTE: ELABORADO PELO AUTOR

V

"Os reinos do amarelo" deixaram seu espectro cromático como tom e como sinal do excesso sarcástico de realidade desvelada e, ao mesmo tempo, escondida nas malhas da linguagem. Daquela luminosidade cósmica registrada na expressão plástica, passo à leitura do último poema deste capítulo de relações intertextuais. Trata-se do poema intitulado:

O SOL EM PERNAMBUCO

1   (O sol em Pernambuco leva dois sóis,
2   sol de dois canos, de tiro repetido;
3   o primeiro dos dois, o fuzil de fogo,
4   incendeia a terra: tiro de inimigo.)
5   O sol, ao aterrissar em Pernambuco,
6   acaba de voar dormindo o mar deserto;
7   dormiu porque deserto; mas ao dormir
8   se refaz, e pode decolar mais aceso;
9   assim, mais do que acender incendeia,
10   para rasar mais desertos no caminho;
11   ou rasá-los mais, até um vazio de mar
12   por onde ele continue a voar dormindo

★

13   Pinzón diz que o cabo *Rostro Hermoso*
14   (que se diz hoje de Santo Agostinho)
15   cai pela terra de mais luz da terra
16   (mudou o nome, sobrou a luz a pino);
17   dá-se que hoje dói na vida tanta luz:
18   ela revela real o real, impõe filtros:
19   as lentes negras, lentes de diminuir,
20   as lentes de distancar, ou do exílio.
21   (O sol em Pernambuco leva dois sóis,
22   sol de dois canos, de tiro repetido;

102 TRANSIÇÃO E PERMANÊNCIA

23 o segundo dos dois, o fuzil de luz,
24 revela real a terra: tiro de inimigo.) (Melo Neto, 1966, p.247)

O poema se constrói num plano quase surrealista. O sol, símbolo arquetípico de unidade, de perfeição, de proliferador de energia e de vida, é destituído da sua simbologia primordial, para assumir a sua possibilidade imagética. O sol assim engendrado no poema "leva dois sóis". O verbo "levar" pode ser compreendido de várias maneiras, e, dentre seus 35 sentidos de dicionário,[3] alguns parecem se ajustar de forma pertinente ao poema: arrastar; impedir; retirar; afastar; tratar; tornar dócil; destruir; obter; receber; tirar; receber (prêmio ou castigo); transportar; carregar; conduzir; guiar. O encaminhamento do poema se dá de forma sequenciada, mas que se efetua numa circularidade rotativa, como é o próprio movimento do sol. Da mesma maneira deve-se efetuar a nossa leitura: respeitando o movimento de rotação e translação. Sendo assim, logo de princípio, rompe-se a possibilidade de captação dos signos de maneira sequenciada, pois, apesar de imagens tão precisas, a bipartição ocorre no primeiro verso e nos três versos sucessivos, onde as relações vão se multiplicando em progressão semântica. Há uma diferença fundamental entre os dois blocos estróficos: no primeiro (fuzil de fogo), a relação entre as imagens cria um contexto próximo ao do Surrealismo; enquanto no segundo (fuzil de luz), percebe-se clareza realista das imagens. Apesar da oposição apontada, não se pode esquecer que o ponto de apoio ou símbolo condutor num e noutro bloco estrófico é o *sol*, símbolo emblemático da consciência humana. Esse *sol*, recurso alegórico do poema, atinge de forma intensa a região Nordeste (no caso, Pernambuco) e, sugerindo consciência, deve ser analisado e compreendido em duas dimensões. Vindo no primeiro verso do poema, "(O sol em Pernambuco leva dois sóis)", evidencia a própria divisão dos níveis, criando um distanciamento entre a referência "sol" das imagens conotativas referentes a sol. Com relação ao verbo "levar", que, como já vimos, possui vários sinônimos pertinentes ao contexto do poema, apresenta um sentido

---

3 Cf. Aurélio Buarque de Holanda Ferreira, *Pequeno dicionário brasileiro da língua portuguesa*.

AUTOTEXTUALIDADE/INTERTEXTUALIDADE 103

condutor que deve ser apontado: força imperativa, impulso sobre, aspecto ativo. Interessante notar que os dois sóis nos remetem a dois olhos, que podem também representar os dois níveis de consciência a que nos referimos. Quando olhamos para o sol, é-nos impossível encará-lo de frente. Sempre fechamos um dos olhos (como lentes de diminuição) ou cobrimos a fronte com uma das mãos, atenuando a intensidade da luz. Se o artista renascentista buscava a luz do dia nas suas obras, criando assim a ilusão de realidade, e os artistas român-tico e simbolista se assentavam sob a luz crepuscular, o autor de "O sol em Pernambuco" reflete poeticamente a condição dessa lumino-sidade que, na verdade, é a própria condição do homem diante dela. Por isso, "o sol em Pernambuco leva dois sóis,/ sol de dois canos, de tiro repetido". Na prosopopeia do segundo verso, o desdobramento da imagem do sol é acompanhado de um outro dualismo: "tiro repetido". Nota-se a violência subliminar contida na palavra "tiro" e na repetição dela. A expressão catalisa aquilo que será "atirado" no desenvolvimento do poema: as duas negatividades (inimigos) que vão ser presentificadas pelo fuzil de fogo (primeira estrofe) e pelo fuzil de luz (final da segunda estrofe). O fuzil de fogo (outro desdobramento), que da metonímia "canos" se atualiza como *todo* e atua como intensificador da violência, é seguido pela expressão "tiro de inimigo", confirmando a negatividade. O fogo conduz simbolicamente à transformação e ao renascimento. Não ficando apenas na descrição da negatividade, a presença de "tiro", "fuzil", "fogo" suscita um processo de transformação revolucionária da terra pernambucana. Para Carl Gustav Jung (1966, *passim*), o fogo, além de poder conduzir à transformação e ao renascimento, simboliza a iluminação do inconsciente, que é muito diferente da iluminação do consciente. Nesse sentido, é pertinente relacionar o fuzil de fogo com uma mobilização transformadora que vai além de uma tomada de consciência da situação pela negatividade ou ausência. Fora dos parên-teses, passando à atuação do fuzil de fogo sobre a terra, o poema passa a criar imagens próximas do Surrealismo, quase oníricas, como se viessem ao encontro das considerações feitas anteriormente:

5   O sol, ao aterrissar em Pernambuco,
6   acaba de voar dormindo o mar deserto;

104 TRANSIÇÃO E PERMANÊNCIA

7 dormiu porque deserto; mas ao dormir
8 se refaz, e pode decolar mais aceso;
9 assim, mais do que acender incendeia,
10 para rasar mais desertos no caminho;
11 ou rasá-los mais, até um vazio de mar
12 por onde ele continue a voar dormindo.

Não me parece plausível, diante desta estrutura composicional, tomar uma postura de "ajustador" das imagens, conferindo-lhes uma direção interpretativa. Por isso, prefiro apontar apenas alguns aspectos relevantes.

A trajetória do sol (fuzil de fogo) desarticula uma situação anteriormente articulada. Isto se dá pelas ações revolucionárias (mais do que acender, incendeia) e pelas imbricações de linguagem provocadas pela sua chegada. A ausência de pontuação no verso 6 e em metade do verso 7 provoca ambiguidades em vários planos, propiciadas pelas relações semânticas dos lexemas justapostos. A sequência das palavras é condizente com o impulso do fuzil no seu primeiro tiro: "acaba de voar dormindo o mar deserto/ dormiu porque deserto". Depois de um período de latência onírica e volátil (voar dormindo), o sol pode mobilizar toda a situação da terra. O sol adquire um caráter animado e cria uma interação dinâmica com a terra (mar deserto). Sua animização o aproxima analogicamente do avião, da nave espacial ou da ave (aterrissa, voa, decola), tornando-se minado, dessa forma, de presentificação viva. A sua missão fundamental é alterar uma situação e é nesse sentido que incendiar (inflamar-se, excitar, abrasar-se) é bem mais que acender (pôr fogo, enlevar). A ação do sol de fogo é direta, é concreta e ao mesmo tempo impulsiva e coerciva. A trajetória do mar é cíclica, constituída sempre de um dormir volátil em vazio de mar e de uma acesa decolagem para rasar, igualar, nivelar desertos pelos caminhos. O repouso é marítimo e a atuação no deserto é que nos leva a ver a Caatinga nordestina.

★

13 Pinzón diz que o cabo *Rostro Hermoso*
14 (que se diz hoje de Santo Agostinho)

15 cai pela terra de mais luz da terra
16 (mudou o nome, sobrou a luz a pino);
17 dá-se que hoje dói na vida tanta luz:
18 ela revela real o real, impõe filtros:
19 as lentes negras, lentes de diminuir,
20 as lentes de distanciar, ou do exílio.
21 (O sol em Pernambuco leva dois sóis,
22 sol de dois canos, de tiro repetido;
23 o segundo dos dois, o fuzil de luz,
24 revela real a terra: tiro de inimigo.)

Uma vez que o poema se vale da estrelinha para separar as partes, há, nesse caso, independência entre elas. Ocorre, porém, o processo de *intertextualidade* interna ou *autotextualidade*. O poema cria, como já dissemos, uma trajetória cíclica para o sol, realizada em dois momentos: o primeiro, de voo marítimo em repouso dormente; o segundo, depois de se refazer, rasando desertos (terra) pelo caminho. E assim vai o sol imergindo em voo dormente e emergindo em voo rasante, alternadamente mar (deserto) e deserto até vazio de mar, por onde ele continue a voar dormindo. Mas, ao dormir, se refaz e, quando já pode decolar mais aceso, os desertos do caminho já recebem outro nome fora e dentro do poema. Uma alusão introduz o outro nome: "Pinzón diz", alterando o espaço geográfico pernambucano para o outro lado do mar: "cabo *Rostro Hermoso*/ (que se diz hoje de Santo Agostinho)/ cai pela terra de mais luz da terra/ (mudou o nome, sobrou a luz a pino)". Num só recurso estilístico, o poeta conseguiu expressar duas camadas de significação. A trajetória visual e surreal do sol, emergindo em outras paragens para prosseguir no seu périplo, coincide com o segundo "tiro", agora com o fuzil de luz. A invasão da terra no mar (cabo) intensifica o sentido da imagem iniciada com o verbo "cai" e seguida pela expressão alusiva "pela terra de mais luz da terra", onde o particular e o geral se conjugam pela presença da luz. O ponto isotópico do discurso poético se dá no verso entre parênteses "(mudou o nome, sobrou a luz a pino)", que por um lado estaria se referindo ao Cabo de Santo Agostinho, que substituiu o nome Rostro Hermoso; por outro lado, a luz a pino que sobrou se reporta ao sol de Pernambuco,

106 TRANSIÇÃO E PERMANÊNCIA

que aguarda no espaço do poema o seu segundo tiro. Os quatro versos medianos desse bloco estrófico devem ser observados com bastante cuidado. Atentando, então, para eles, temos:

> dá-se que hoje dói na vida tanta luz:
> ela revela real o real, impõe filtros:
> as lentes negras, lentes de diminuir,
> as lentes de distanciar, ou do exílio.

Logo no primeiro verso, nota-se uma ruptura semântica no uso do signo "vida" quando o contexto cria uma expectativa com relação ao signo "vista". Isso vem ao encontro daquelas referências feitas a olhos como motivo expressivo para simbolizar nossa relação com o sol enquanto símbolo de consciência. Esse primeiro verso é fundamental não só para a compreensão do poema "O sol em Pernambuco", mas também da postura de João Cabral de Melo Neto diante da realidade; "dá-se que dói na vida tanta luz": o poeta revela nesse verso a importância da destituição do idílio imagético da poesia; a necessidade de "ir na coisa em si", sob a luz que mostra a forma sensorial, o elemento tangível. É apenas em nome dessa forma de aproximação dos objetos da realidade que a sua poesia cria imagens – são imagens para mostrar e não para ocultar. Como vimos no poema "Agulhas", a luz dolorida e ácida para os olhos e para a carne nua era transformada em pontas de finíssimos metais amolados num mar duro, fundidas num céu duro e vaporizadas num mar cítrico. Agora, depois do repouso dormente num mar deserto, tornado fuzil de fogo, o sol apresenta seu fuzil de luz. Acontece que a luz é intensa e enfrentá-la exige muita força, porque ela atua na vida. Essa palavra soa muito profundamente no verso, depois do som aberto e ecoante de "dói": a justificativa perifrástica, depois dos dois-pontos, talvez possa ser considerada o momento mais importante do poema no que concerne à relação do Homem com a realidade e o papel do artista frente à consciência dessa relação.

> ela revela real o real, impõe filtros:

AUTOTEXTUALIDADE/INTERTEXTUALIDADE 107

Deve-se observar a gradação existente na sequência das palavras constituintes do verso e a relação com luz, que, por sua vez, vem do segundo tiro do sol. A primeira parte da gradação se dá com as quatro paronomásias que se sucedem: ela / revela / real / real. "Ela", no espaço da linguagem, substitui "luz", que a precede. Como pronome pessoal vem no lugar do nome, cujo nome "luz" é signo de algo, que dói na vida.

"Ela" passa a ser sujeito de "revela", segundo signo da sequência, que traz na sua forma de expressão o prefixo "re" e o significante "vela". A seguir, "real", predicativo do objeto "real", que seria a coisa em si mostrada, revelada pela luz. Mas a coisa feita linguagem provoca um distanciamento pela permeação das camadas valorativas que lhe são outorgadas. A própria linguagem "revela", em nível da sua expressão, o distanciamento que provoca. Como diz Mikhail Bakhtin (1979b, p.17), "tudo que é ideológico possui um significado e remete a algo situado fora de si mesmo. Em outros termos, tudo que é ideológico é um signo. Sem signos não existe ideologia. Um corpo físico vale por si próprio: não significa nada e coincide inteiramente com a sua própria natureza. Neste caso, não se trata de ideologia". Dessa forma, a progressão semântica revela o distanciamento e, por outro lado, em se tratando de linguagem poética, o que resta ao poeta é fazer, no espaço que lhe resta, o poema elucidativo, e a sua própria contradição, a busca de uma negação ideológica, conduz, é lógico, a uma aproximação da natureza da coisa em si mesma. A sequência gradativa é concluída depois de uma vírgula com a expressão "impõe filtros": é uma imediata postura imposta à condição de consciência apenas e não atuação transformadora sugerida pelo fuzil de fogo. Em quatro níveis de restrição da realidade, em quatro níveis de filtros, são apontadas as atenuações:

1. "lentes negras";
2. "lentes de diminuir";
3. "lentes de distanciar";
4. "ou do exílio".

108 TRANSIÇÃO E PERMANÊNCIA

São todas elas maneiras de ver a realidade do *hoje* a que o poeta se refere duas vezes no poema, presentificando a condição do Homem, além dos verbos no presente do indicativo, sendo o passado só utilizado para a mudança de nome, mas que aponta para a luz que se mantém e que impõe filtros. Assim, os elementos cósmicos são utilizados de maneira extrema, para que seja possível captar as contingências humanas que, partindo do Nordeste, e mais particularmente de Pernambuco, atingem o universal.

Ao analisar o poema "A educação pela pedra", como poema-título e poema-definição da obra, discuti o aspecto da musicalidade da sua poesia, dizendo que essa musicalidade advém de uma antimusicalidade muito próxima da dissonância. Nesse sentido, o nível sonoro da sua poesia é uma espécie de elemento primordial para que o leitor penetre no espaço do texto. Nas palavras do seu tradutor alemão, Curt Meyer-Clason,

> Cabral considera-se um engenheiro; ele epigrafou um dos seus livros com essas três palavras de Le Corbusier: *"machine à émouvoir"*. Cabral é homem visual, ele quer fazer ver. Antípoda de Bandeira, João Cabral detesta música, desconfia do poema musical, que pode facilmente embalar o leitor... Nesse sentido, o que ele reconhece, por assim dizer, é um ritmo espiritual, sem música. Do poeta inspirado, ele não quer saber. Da sua linguagem despojada, do seu texto enxuto: do ritmo, da dureza dos seus versos, destaca-se a preferência pela assonância. Na sua ferramenta de artesão, a assonância é o seu *Richtschnur*... é o seu fio de prumo, a sua fita ordenadora, a sua régua, a sua batuta. Mas é também a ponte que ele lança ao seu leitor. Ao contrário da grande maioria dos poetas latino-americanos, João Cabral fala de fora para dentro.[4]

Considero desnecessário qualquer comentário a essas palavras transcritas. A seguir, parece-me fundamental apresentar o gráfico das assonâncias no poema "O sol em Pernambuco":

---

4 Entrevista realizada em 1979 por Mario Curvello com Curt Meyer-Clason.

AUTOTEXTUALIDADE/INTERTEXTUALIDADE

/ô/ /ó/ /ẽ/ /ê/ /ã/ /u/ /ʊ/

(/ô/ /ó/ /ẽ/ /ê/ /ã/ /u/ /ʊ/ /é/ /a/ /oy/ /óy/
/ó/ /ê/ /ôy/ /ã/ /ʊ/ /ê/ /i/ /ʊ/ /ê/ /ê/ /i/ /ʊ/:
/o/ /i/ /êy/ /ʊ/ /ô/ /ôy/ /ô/ /u/ /i/ /ê/ /ô/ /ô/
/i/ /ẽ/ /êy/ /ya/ /a/ /é/ /a/: /i/ /ʊ/ /ê/ /ĩ/ /i/ /i/ /ʊ/).

/ô/ /ó/ /aw/ /a/ /ê/ /i/ /a/ /ẽ/ /ê/ /ã/ /u/ /ʊ/
/a/ /a/ /a/ /ê/ /ô/ /a/ /ô/ /ĩ/ /ʊ/ /ô/ /a/ /ê/ /é/ /ʊ/
/ô/ /iw/ /ô/ /ê/ /é/ /ʊ/ /a/ /aw/ /ô/ /i/
/ê/ /ê/ /a/ /ê/ /ó/ /ê/ /ê/ /ô/ /a/ /ai/ /a/ /ê/ /ʊ/
/a/ /ĩ/ /ay/ /ô/ /ê/ /a/ /ẽ/ /ê/ /ĩ/ /ẽ/ /êy/ /ya/
/a/ /a/ /a/ /a/ /ay/ /ê/ /é/ /ô/ /ô/ /a/ /ĩ/ /ʊ/
/ow/ /a/ /a/ /ʊ/ /ay/ /a/ /é/ /ũ/ /a/ /iw/ /i/ /a/
/ô/ /ô/ /ê/ /i/ /õ/ /i/ /uy/ /a/ /ô/ /a/ /ĩ/ /ʊ/

★

/i/ /õ/ /i/ /ê/ /ô/ /a/ /ʊ/ /ô/ /ô/ /ê/ /ô/ /ô/
(/ê/ /ê/ /i/ /ô/ /ê/ /ê/ /ã/ /ʊ/ /a/ /ô/ /ĩ/ /ʊ/)
/ay/ /ê/ /a/ /é/ /a/ /ê/ /ay/ /u/ /a/ /é/ /a/
(/u/ /ow/ /ê/ /õ/ /ê/ /o/ /ow/ /a/ /u/ /a/ /ĩ/ /ʊ/);
/a/ /ê/ /ê/ /óy/ /a/ /i/ /a/ /ã/ /a/ /u/:
/é/ /a/ /é/ /é/ /a/ /ê/ /a/ /ô/ /ê/ /a/ /x/ /ĩ/ /õy/ /i/ /ʊ/
/a/ /ẽ/ /ê/ /ê/ /a/, /ẽ/ /ê/ /ê/ /i/ /i/ /u/ /i/
/a/ /ẽ/ /ê/ /ê/ /i/ /ã/ /i/ /a/, /ow/ /o/ /ê/ /i/ /iw/
(/ô/ /ó/ /ẽ/ lê/ /ã/ /u/ /ʊ/ /é/ /a/ /oy/ /óy/
/ó/ /ê/ /ou/ /ã/ /ʊ/, /ê/ /i/ /ʊ/ /ê/ /ê/ /i/ /ʊ/;
/ô/ /ê/ /ũ/ /ʊ/ /ô/ /oy/, /ô/ /u/ /i/ /ê/ /u/,
/ê/ /é/ /a/ /ê/ /a/ /a/ /é/ /a/: /i/ /ʊ/ /ê/ /i/ /i/ /i/ /ʊ/).

Verificando, estatisticamente, a ocorrência assonântica no poema, podem-se conferir 220 fonemas vocálicos fechados para 68 fonemas vocálicos abertos. Entre os abertos, raros são os posteriores /ó/ e os anteriores /é/, constituindo a maioria de médios /a/. O que nos interessa desse levantamento é a oposição que se cria entre a luminosidade tão intensa que os fuzis (de fogo e de luz) oferecem à terra, que seria numa primeira instância eufórica, luzidia, "aberta", de uma explicitação sem par, e o "tom" ou "timbre" tão disfônico, advindo das ligações sonoras do poema. Nesse sentido, à camada semântica do texto se alia a camada sonora. As lentes impostas na óptica de quem percebe essa realidade obscurecem sobremaneira toda a condição dessa mesma realidade. A situação luminosa é ironizada pela linguagem poética, que se vale da trajetória cósmica do sol para apontar a sua atuação na terra, onde afeta não só as coisas, mas também os homens. Os homens considerados aqui no efeito coletivo onde existem aqueles que padecem com o fuzil de fogo e aqueles que se apoiam em lentes para se proteger desse padecimento. Encerrando a leitura do poema, é importante apontar para o esboço do texto, que metaforiza, no seu desenvolvimento, os dois níveis de consciência a que me referi no início desta análise: o primeiro nível, pela mobilização mais profunda provocada pelo fogo e capaz de *transformação* radical; o segundo, pela imposição de filtros, diminuição por obscurecimento ou distanciamento, criando condições de *conservação*:

> (O sol em Pernambuco leva dois sóis,
> sol de dois canos, de tiro repetido;
> o primeiro dos dois, o fuzil de fogo,
> incendeia a terra: tiro de inimigo.)

★

> (O sol em Pernambuco leva dois sóis,
> sol de dois canos, de tiro repetido;
> o segundo dos dois, o fuzil de luz,
> revela real a terra: tiro de inimigo.)

São duas condições inimigas que se colocam nos dois extremos de uma mesma situação. Por meio de elementos cósmicos, João Cabral consegue, nessa série de poemas, transmitir as antinomias de uma realidade social composta de *violência* no seu mais profundo sentido. Essa transmissão imagética da lírica cabralina não se limita à descrição dos elementos que compõem essa realidade, mas consegue transcender a isso apontando certas diretrizes como possibilidades de transformação. Existe uma profunda ironia que conduz todos os textos. Não se trata de poemas agressivos e sim de poemas que conseguem desvendar aquilo que é encoberto pelos interesses da classe dominante. Cada composição focaliza, por um determinado prisma, as condições antitéticas do Homem nordestino, que padece sob as mais variadas adversidades da sua existência. Existe um questionamento implícito em "O sol em Pernambuco" que merece ser reconsiderado neste ponto: "dá-se que hoje dói na vida tanta luz". Até que ponto é possível interiorizarmos a palavra expressa no poema, a ponto de confundi-la com os nossos atos? Até que ponto essa intensa luminosidade da imagem chega à transformação da nossa condição de vida? De que tipos de lentes temos nos valido para nos proteger desse compromisso com a realidade? A voz da lírica revela a luz da terra, enquanto a sociedade busca a sombra. Ver com os olhos livres significa apreender o amarelo em todos os seus matizes. Significa não se contentar com o amarelo estridente de sol livre manifestado pela casca dos frutos que a Zona da Mata exibe, mas buscar nas suas gradações o outro amarelo de escarro vivo que pulsa no Homem dali, como resultado de uma condição de vida. Mas para tão difícil trajetória há necessidade de um certo incômodo que consiga nos levar ao rompimento de uma situação aparentemente estável para assumir a sua verdadeira instabilidade. Essa aparente estabilidade que *dá na vista* possui sua contraparte na instabilidade que *fere a vista*. Porém, entre essas duas condições de amarelos, dá-se a luta silenciosa de uma situação constituída de oponentes extremos de uma realidade social: opressor e oprimido. Essa luta na poesia cabralina é transmitida por meio de uma linguagem que se conduz e se inventa sob o signo do novo, mediatizada liricamente por elementos naturais e cósmicos, como o sol, o céu, o mar e o vento. A *pedra*, elemento básico em toda a obra, assume, em certos poemas dessa série, uma simbologia voltada para a hostilidade capaz de transformar as contingências ambientais e sociais, como demonstrado nos poemas "Agulhas" e "Fazer o seco, fazer o úmido".

Com a leitura desses poemas, tentei explicitar o procedimento estético de que se vale João Cabral no mecanismo composicional de *A educação pela pedra*. Ao mesmo tempo, pelas remissões sucessivas de um poema para outro, tentei apreender a função social dessa obra que se constrói à base das relações paradoxais do Homem em sociedade. O recorte que fiz ao escolher os poemas revela a minha intenção de explicitar um pouco daquilo que a obra realiza em todo o seu percurso. Porém, esse percurso não se dá de maneira linear e sim de maneira circular e dinâmica. Escolhi, portanto, um dentre uma infinidade de caminhos possíveis. Como se verá a seguir, a transitividade verbal da obra não se *limita* às remissões internas, mas ocorre também entre poemas de *A educação pela pedra* e poemas de obras anteriores. É como se João Cabral partisse da própria solução estética encontrada no momento criador para prosseguir na sua invenção.

CAPÍTULO 3

Intertextualidade entre poemas de obras diferentes

A obra poética de João Cabral de Melo Neto busca romper o estatismo da lírica clássica, na luta permanente com a palavra enquanto matéria-prima do seu trabalho poético. O fazer inventivo e autorreflexivo da obra permite uma constante superação do seu trabalho, que se dá no momento de atualização de cada signo, para não dizer de cada fonema ou cadência rítmica engendrada no espaço simbólico do poema. No trabalho sobre Joan Miró, de 1952,[1] impresso entre os *Cadernos de Cultura* do Serviço de Documentação do Ministério de Educação e Saúde, o poeta concede uma série de referências sobre a sua concepção de poesia, além da brilhante interpretação que realiza sobre a pintura do artista catalão. Já no final do seu estudo, ao falar do trabalho de criação de Miró, o poeta faz a seguinte afirmação:

> O mínimo gesto criador será necessariamente, para ele, uma luta aguda e continuada. Cada milímetro de linha tem de ser avaliado. Não

---

1 Apesar de João Cabral de Melo Neto ter publicado seu estudo sobre Joan Miró em 1950, em Barcelona, pelas Edicions de l'Oc, as citações aqui transcritas respeitam a segunda edição dos *Cadernos de Cultura*, publicados pelo Ministério de Educação e Saúde, Rio de Janeiro, 1952.

116 TRANSIÇÃO E PERMANÊNCIA

há, como no trabalho de certos poetas, o equivalente daquela primeira palavra, fecunda de associações e desenvolvimentos, que contém em si todo o poema. A luta, aqui, se dá na passagem de uma a outra palavra e se uma dessas palavras conduz uma outra, em lugar de aceitá-la em nome do impulso que a trouxe, essa consciência lúcida a julga, e ainda com mais rigor precisamente por sua origem obscura. (Melo Neto, 1952, [s.p.])

Ratificando as palavras de Benedito Nunes (1974c, p.157), refletindo sobre Miró, João Cabral refletiu-se nele. O trabalho desse poeta é uma incessante busca sem se preocupar com a chegada final. Faz do próprio processo os seus pontos-finais, onde cada etapa, num movimento de atração e rejeição, impulsiona para uma etapa seguinte.

Em *A educação pela pedra*, esse fazer inventivo atinge um teor de alta dimensão. As possibilidades combinatórias que a obra oferece e, ao mesmo tempo, o rigor da lucidez que a conduz provocam núcleos de tensão no que concerne à linguagem, no encalço das tensões que povoam o Homem.

Como amostragem da luta para a autossuperação poética, passaremos à leitura de "Dois P.S. a um poema":

1 Certo poema imaginou que a daria a ver
2 (sua pessoa, fora da dança) com o fogo.
3 Porém o fogo, prisioneiro da fogueira,
4 tem de esgotar o incêndio, o fogo todo;
5 e o dela, ela o apaga (se e quando quer)
6 ou o mete vivo no corpo: então, ao dobro.

★

7   Certo poema imaginou que a daria a ver
8   (quando dentro da dança) com a chama:
9   imagem pouca e pequena para contê-la,
10 conter sua chama e seu mais-que-chama.
11 E embora o poema estime que a imagem
12 não conteria tudo dessa chama sozinha,
13 que por si se ateia (se e quando quer),

INTERTEXTUALIDADE ENTRE POEMAS DE OBRAS DIFERENTES 117

14 de quanto o mais-que-chama não estima;
15 pois vale o duplo de uma qualquer chama:
16 estas só dançam da cintura para cima. (Melo Neto, 1966, p.218)

"*L'objet n'est pas une donnée immédiate. Il reste à découvrir*"
(Coquet, 1972, [s.p.]).[2] De primeiro ímpeto, tem-se a impressão de
quase impossibilidade analítica do poema em questão. O texto lembra a fragmentação metonímica do Cubismo e parece valer enquanto
objeto plástico, sem necessidade de uma tradução metalinguística. O
que me encoraja, num segundo momento, a "ajustar" a linguagem-objeto (poema) a essa segunda linguagem (metalinguagem crítica) é a
descoberta da possibilidade de aproximação, por relações associativas,
daquela realidade criada pelo poeta. Não se trata, no caso, de descobrir "verdades", como diria Roland Barthes (1970c, p.161), mas somente
"validades". E são validades que norteiam os meus propósitos durante
todo o desenvolvimento deste trabalho.

Como os demais poemas da obra, é um díptico. Seis versos constituem a primeira estrofe e dez, a segunda. A impressão de se tratar
de artes plásticas se deve à técnica construtivista do poema, que se
dá por recortes de linguagem e pela inserção de elementos sintáticos que não encontram conexão lógica no próprio discurso. Outro
aspecto que provoca estranhamento é o uso dos sinais de parênteses
que delimitam frases explicativas iniciadas por conectivos duplos "se
e quando", acentuando as ambiguidades e intensificando a abertura
semântica do poema. A sucessão dos signos e a maneira sintática da
sua organização não possuem um procedimento sintagmático que
possa favorecer um acompanhamento esperado em qualquer discurso, mesmo que poético. "Dois P.S. a um poema" remete o leitor
para fora do seu universo; ou melhor, remete o leitor para outra referência estética: outro poema.

"Dois P.S. a um poema": duas diretrizes implícitas no título. A
primeira está na sua denominação, "Dois P.S.", dois blocos estróficos independentes, dois *post-scripta*. A segunda diretriz está na
parte final do título, "a um poema", onde se sugere a existência do

---

2 "O objeto não é um dado imediato. Ele permanece por descobrir" (tradução do editor)

118 TRANSIÇÃO E PERMANÊNCIA

poema-objeto para a metalinguagem inventiva (o próprio poema). Ao mesmo tempo, o leitor reconhece que o *outro* foi feito e ficou, sendo este apenas (?) um *post-scriptum* a *um* poema. O indefinido *um* cria o caráter indefinido do *outro*, o que acentua o aspecto presente *deste* poema que se manifesta.

1   Certo poema imaginou que a daria a ver
2   (sua pessoa, fora da dança) com o fogo.
3   Porém o fogo, prisioneiro da fogueira,
4   tem de esgotar o incêndio, o fogo todo;
5   e o dela, ela o apaga (se e quando quer)
6   ou o mete vivo no corpo: então, ao dobro.

O poema, na sua integridade estética, atua como dêitico. No primeiro verso, ao se iniciar com a expressão "certo poema", evidencia a remissão externa a outro discurso poético. Anaforicamente remete-nos a uma anterioridade indeterminada, e cataforicamente nos conduz ao seu espaço imagético. Trata-se da utilização da linguagem verbal por meio de um recurso original. Ocorre uma desvinculação de conteúdos armazenados, a linguagem torna-se depurada, singularizada. Existe, logo de início, uma retomada de certa fábula contida em outro discurso. Porém, dessa fábula, apenas alguns elementos são atualizados no novo discurso. Esses elementos aparecem como novos, recuperados que são daquele outro. A personagem recuperada, fio condutor de ambos os discursos, é feminina. Essa personagem é colocada em relação de similaridade com o fogo. Tem-se a impressão de se tratar de uma bailadora: "(sua pessoa, fora da dança)", associada ao pronome oblíquo "a" do primeiro verso, que, por não encontrar conexão com o que o precede, liga-se à expressão que o sucede.

Interessante notar a tensão de linguagem criada na intersecção formal e semântica do texto, onde se fundem um conteúdo e uma forma rudimentares de um "certo poema" a um discurso que se faz pela primeira vez e que, pela sua própria ruptura estética, faz-se superar com relação a uma forma anterior.

Iniciado pela adversativa "porém", o terceiro verso contraria alguns elementos do primeiro poema. A partir do signo "fogo" há uma

INTERTEXTUALIDADE ENTRE POEMAS DE OBRAS DIFERENTES 119

série de relações semânticas. "Fogo", símile imaginado pelo "certo poema" de uma figura feminina, identifica-se no terceiro verso com fogueira de quem é "prisioneiro". "Fogueira" passa a ser elemento globalizador do próprio fogo que a constitui. Esse fogo – prisioneiro – deve esgotar um todo maior – incêndio ou fogo todo –, como se a própria imagem, responsável pelo poema, fosse responsável pela sua autodestruição. O elemento metaforizado (ela) passa a possuir força interior maior que a que possui o elemento metaforizador: "e o dela, ela o apaga (se e quando quer)/ ou o mete vivo no corpo: então, ao dobro". A condução do fogo e todo o controle da sua chama passa a pertencer à bailadora de maneira distinta à da imagem que a ilustra. A condução passa a ser de dentro para fora e, portanto, superior à outra forma: "ou o mete vivo no corpo: então, ao dobro". Perseguindo os propósitos da composição cabralina e a sua concepção de metáfora, esse verso extrapola qualquer tematização que pretensamente sugere para nos remeter à própria noção de desobjetivação do signo pela desmetaforização da lírica. A palavra "vivo" e a palavra "corpo" revelam a própria busca de uma palavra descamada ou "chama viva" que passa a ser a metáfora-poema e não mais a metáfora do poema. Sendo assim, a poesia reduplica ("então, ao dobro") a força que emana quando passa a valer pela sua própria nudez.

Dessa forma, a linguagem evolui para uma problematização do próprio fazer da Poesia. Quer sob a perspectiva da relação bailadora/fogo, quer sob a perspectiva da relação esse poema/outro poema, o texto fala de uma bailadora e a sua chama, e fala, também, da fala que metaforiza a bailadora:

7   Certo poema imaginou que a daria a ver
8   (quando dentro da dança) com a chama:
9   imagem pouca e pequena para contê-la,
10   conter sua chama e seu mais-que-chama.
11   E embora o poema estime que a imagem
12   não conteria tudo dessa chama sozinha,
13   que por si se ateia (se e quando quer),
14   de quanto o mais-que-chama não estima;
15   pois vale o duplo de uma qualquer chama:
16   estas só dançam da cintura para cima.

120 TRANSIÇÃO E PERMANÊNCIA

O poema passa a questionar a imagem do poema a que se refere. A linguagem poética "discorre", analiticamente, a respeito da imagem que aproxima o elemento dançarino com a chama. "Chama" passa a significar duas possibilidades interseccionadas no mesmo discurso: a "chama", imagem enunciada pelo outro poema, e "chama", nova imagem que se insere na invenção que se presentifica nesse *post-scriptum*. A primeira está sendo desmitificada, destituída do sentido que lhe foi conferido por "certo poema"; a segunda surge, pelo contrário, como constatação da sua existência no contexto figurativo. O que ocorre é a superação da imagem pelo processo de desmetaforização; e é pela morte da imagem que se consagra a sua própria vida.

Sobre esse modo de ser da literatura dos últimos cem anos, diz Roland Barthes (1970b, p.28):

> Todas essas tentativas [aqui ele se refere a toda a tradição de uma literatura autorreflexiva desde Flaubert, Mallarmé e Proust até Robbe-Grillet] permitirão talvez um dia definir nosso século [...] como o do: *Que é a Literatura?* [...] E, precisamente, como essa interrogação é levada adiante, não do exterior, mas na própria literatura, ou mais exatamente na sua margem extrema, naquela zona assintótica onde a literatura finge destruir-se como linguagem-objeto sem se destruir como metalinguagem, e onde a procura de uma metalinguagem se define em última instância como uma nova linguagem-objeto, daí decorre que nossa literatura é há vinte anos um jogo perigoso com sua própria morte, isto é, um modo de vivê-la: ela é como aquela heroína raciniana que morre de se conhecer mas vive de se procurar [...].

E o poema cabralino se realiza nessa margem extrema, nessa zona assintótica de autoconhecimento e, portanto, fingindo destruir a imagem construída anteriormente, lança-se para o novo, conseguindo mais um espaço de significação lírica – "conter sua chama e seu mais--que-chama./ [...] de quanto o mais-que-chama não estima". O novo imagético surge no corpo do poema, como resultado de toda a luta que se travou desde o primeiro verso.

Os seis últimos versos do texto cuidam da nova imagem, evidenciando ao leitor uma trajetória de avanços e recuos dos doze versos

INTERTEXTUALIDADE ENTRE POEMAS DE OBRAS DIFERENTES 121

anteriores, que, como se houvesse um propósito inventivo, conduz-nos à imagem viva, ao incêndio ateado no corpo todo do poema, justificando o acréscimo que enuncia o próprio título.

Voltando cronologicamente à obra poética de João Cabral de Melo Neto, deparamo-nos com um poema, o primeiro do livro *Quaderna*, publicado em 1959, chamado "Estudos para uma bailadora andaluza". O poema é longo (48 quadras), dividido em seis partes de maneira simétrica. Transcrevo apenas a primeira parte do poema:

ESTUDOS PARA UMA BAILADORA ANDALUZA

a A. F. Azevedo da Silveira

1

Dir-se-ia, quando aparece
dançando por *siguiriyas*,
que com a imagem do fogo
inteira se identifica.

Todos os gestos do fogo
que então possui dir-se-ia:
gestos das folhas do fogo,
de seu cabelo, sua língua;

gestos do corpo do fogo,
de sua carne em agonia,
carne de fogo, só nervos,
carne toda em carne viva.

Então, o caráter do fogo
nela também se adivinha:
mesmo gosto dos extremos,
de natureza faminta,

gosto de chegar ao fim
do que dele se aproxima,

122 TRANSIÇÃO E PERMANÊNCIA

gosto de chegar-se ao fim,
de atingir a própria cinza.

Porém a imagem do fogo
é num ponto desmentida:
que o fogo não é capaz
como ela é, nas *siguiriyas*,

de arrancar-se de si mesmo
numa primeira faísca,
nessa que, quando ela quer,
vem e acende-a fibra a fibra,

que somente ela é capaz
de acender-se estando fria,
de incendiar-se com nada,
de incendiar-se sozinha. (Melo Neto, 1966, p.23-24)

Oito quadras em redondilha maior, mantendo uma cadência rítmica peculiar própria da dançarina espanhola, "Estudos para uma bailadora andaluza", na sua primeira parte, desenvolve-se toda à base da similaridade. Porém, o processo de montagem dos recursos estilísticos utilizados produz efeitos que vale a pena considerar. O uso do verbo "dizer" no futuro do pretérito, logo no início do texto, com o "se" mesoclítico, atenua o caráter convencional da metáfora que poderia ser criada. A seguir, no verso número 3, o signo "imagem" cria um distanciamento com relação a "fogo". Dessa forma, ao iniciar o poema já existe certa explicitação com respeito à não utilização da metáfora. Como se na busca de um rompimento com a metáfora, aspecto constante na poesia de Cabral, a consciência criadora ficasse atenta para a sua própria invenção. É uma relutância do poeta ou da poesia por um aprendizado constante no anseio de uma aproximação do real por meio da criação artística. Para Maurice Merleau-Ponty (1971, p.16),

ao mesmo tempo é verdade que o mundo é o que vemos e que, contudo, precisamos aprender a vê-lo. No sentido de que, em primeiro lugar, é

INTERTEXTUALIDADE ENTRE POEMAS DE OBRAS DIFERENTES   123

mister nos igualarmos, pelo saber, a essa visão, tomar posse dela, dizer o que é *nós* e o que é *ver*, fazer, pois, como se nada soubéssemos, como se a esse respeito tivéssemos que aprender tudo. Mas a filosofia não é um léxico, não se interessa pelas "significações das palavras", não procura substituto verbal para o mundo que vemos, não o transforma em coisa dita, não se instala na ordem do dito ou do escrito, como o lógico no enunciado, o poeta na palavra, ou o músico na música.

A poesia, buscando substituto verbal para o mundo, revela-nos uma lição de busca de um aprendizado maior. Parece existir uma consciência construtivista mesmo nos poemas de ritmo solto, de expressividade espontânea. Desde o início, busca a imagem que expressa, mas, ao mesmo tempo, tenta caracterizar a sua distinção com relação àquilo que expressa.

As significações que veicula, tomando como matéria-prima da sua realização a palavra – a poesia cabralina persegue a todo custo a mais arguta percepção da realidade. Busca a aproximação das imagens, respeitando, de forma perspicaz, as devidas integridades delas. O poema não chega a identificar "bailadora" e "fogo", o que confirmaria a própria metáfora. O que o poema consegue é um efeito mais expressivo por meio do preâmbulo dinâmico das imagens consideradas.

Atentando para a segunda estrofe, depreende-se uma transação de semas pertencentes à mulher e ao fogo, criando uma antecipação metafórica no seguinte sentido: em vez de o fogo possuir o gesto (sema humano) da bailadora, esta é que possuiria o "gesto do fogo". A seguir, ocorre uma fragmentação metafórico-metonímica em:

gestos das folhas do fogo

bailadora possuiria: (gestos) de seu cabelo (do fogo)

(gestos) de sua língua (do fogo).

Um elemento é comum a todos esses fragmentos de identificação que o próprio signo "gesto" já possui: o *movimento*. Esse movimento é bem caracterizado na estrofe anteriormente comentada, uma vez que, respeitando ainda aquela inversão metafórica, foram escolhidas e atualizadas partes de movimento (língua, cabelo, folha) para iniciar

124   TRANSIÇÃO E PERMANÊNCIA

a descrição ou a destituição daquilo que vem reunido por meio do indefinido *todos*, logo no início da segunda estrofe. Trata-se de uma gradação de envolvimento da própria linguagem que vai penetrando a dança ou a força da dança que se integra à linguagem. Para Paul Valéry, a linguagem da prosa está para o andar, assim como a linguagem da poesia está para o dançar. Enquanto no primeiro caso o desenvolvimento conduz a um determinado ponto conclusivo, no segundo o desenvolvimento se encerra em si mesmo pela sua própria força. "Gestos do corpo do fogo" – as proporções da linguagem avançam o corpo do poema assim como se intensifica a dança da bailadora. O poema consegue manter concomitantemente dois polos da linguagem, segundo Roman Jakobson, ou dois tipos de afasia: metáfora e metonímia, numa atitude de justaposição das partes e ao mesmo tempo sugerindo identificação entre os elementos condutores. No momento do texto em que as imagens começam a dominar a própria ambivalência do poema, este passa imediatamente a mudar todo o destino da própria imagem:

> Então, o caráter do fogo
> nela também se adivinha:
> mesmo gosto dos extremos,
> de natureza faminta,
>
> gosto de chegar ao fim
> do que dele se aproxima,
> gosto de chegar-se ao fim,
> de atingir a própria cinza.

É evidente, nesse ponto do poema, a manifestação do aspecto tensivo existente na poesia cabralina, sempre ancorada no âmbito da inventiva poética e não na concepção de poesia como descoberta. Valendo-se da própria relação de similaridade criada, o poeta provoca um percurso de desmitificação das imagens. O elemento comum entre bailadora e fogo captado pelo intérprete é o caráter. Mas é esse caráter que conduz semanticamente ao efeito de extinção, "mesmo gosto dos extremos". Esse gosto dos *extremos* nos lembra aquela zona

INTERTEXTUALIDADE ENTRE POEMAS DE OBRAS DIFERENTES 125

assintótica discutida por Roland Barthes (1970b, p.28), em que pairam linguagem-objeto e metalinguagem. Nesse sentido, o poema, que é uma *fala*, passa a ser fala dessa *fala*. E no ponto extremo de aproximação que a linguagem (do fogo?, da bailadora?) poética inicia a destruição ou superação da imagem por ela mesma criada. Esse ato de autossuperação conduzirá a um novo impulso criador, crítico e progressivo. Ambos, fogo e bailadora, integram-se à natureza da poesia: *natureza faminta*. A natureza faminta é explicitada na estrofe seguinte, como perífrase, em quatro versos. Isso coincide com o encaminhamento que o poema vai se dando (final da primeira parte), onde a bailadora, ou a sua própria dança, possui do fogo o gosto pelo extermínio de toda a sua realidade própria: "gosto de chegar ao fim/ do que dele se aproxima". Nesses dois versos são sugeridas algumas ideias, todas elas relevantes para as considerações até aqui realizadas. Primeiramente, ambos os elementos (*bailadora*, metaforizado, e *fogo*, metaforizador) destroem-se mutuamente. Ambos gostam de chegar ao fim do que deles se aproxima. Parece-nos que a aproximação como é realizada no poema mantém equilíbrio de forças entre bailadora e fogo. Em segundo lugar, o poema vai chegando ao final (do que deles se aproxima), as imagens vão sendo destituídas da sua forma primitiva ao atingir o próprio final do poema, "gosto de chegar-se ao fim,/ de atingir a própria cinza".

A partir desse momento do poema, desenrolam-se três últimas estrofes decisivas para a compreensão da imagem no interior do poema:

> Porém a imagem do fogo
> é num ponto desmentida:
> que o fogo não é capaz
> como ela é, nas *siguiriyas*,
>
> de arrancar-se de si mesmo
> numa primeira faísca,
> nessa que, quando ela quer,
> vem e acende-a fibra a fibra,

que somente ela é capaz
de acender-se estando fria,
de incendiar-se com nada,
de incendiar-se sozinha.

Com o conectivo adversativo "porém", inicia-se a disjunção entre as semias da "imagem de fogo" e da "bailadora". A bailadora vai dominando a imagem que a metaforizou. A força que a bailadora adquire dentro da dança supera a realidade do fogo, enquanto está na fogueira. A disjunção se acentua pelo signo verbal "desmentida", como se o próprio poema tivesse cometido uma fantasia sobre a essência do seu estudo. Esse caráter dubitativo já se prenunciava no primeiro verso do poema com o emprego do verbo no futuro do pretérito.

Os elementos sêmicos que ultrapassam a imagem do fogo estão enumerados em: "arrancar-se de si mesmo", "quando quer", "vem e acende-a fibra a fibra", "acender-se estando fria", "incendiar-se com nada", "incendiar-se sozinha".

Tudo parece indicar que a partir do ponto em que a imagem é "desmentida" é que a tensão do poema vai suscitar a criação de um outro. A liberdade de criação em João Cabral é controlada pela vigilância que o poeta impõe ao seu trabalho criativo. Ao analisar a pintura de Miró, afirma o poeta:

Mas, sobretudo, essa valorização do fazer, esse colocar o trabalho em si mesmo, esse partir das próprias condições do trabalho e não das exigências de uma substância cristalizada anteriormente, tem, na exploração da obra de Miró, uma outra utilidade. Esse conceito de trabalho, em virtude, principalmente, dessa disponibilidade e vazio inicial, permite ao artista o exercício de um julgamento minucioso e permanente sobre cada mínimo resultado a que o seu trabalho vai chegando. (Melo Neto, 1950, p.34)

Apesar de ter escrito esse estudo em 1950, Cabral mantém coerência sem par entre o que afirma conceitualmente sobre o trabalho de arte e a prática desse trabalho. Portanto, reler aquele primeiro poema analisado, depois de termos refletido sobre a primeira parte de

INTERTEXTUALIDADE ENTRE POEMAS DE OBRAS DIFERENTES   127

"Estudos para uma bailadora andaluza", é aspecto básico para compreendermos esse tipo de relação intertextual:

Dois P.S. a um poema

1 Certo poema imaginou que a daria a ver
2 (sua pessoa, fora da dança) com o fogo.
3 Porém o fogo, prisioneiro da fogueira,
4 tem de esgotar o incêndio, o fogo todo;
5 e o dela, ela o apaga (se e quando quer)
6 ou o mete vivo no corpo: então, ao dobro.

★

7   Certo poema imaginou que a daria a ver
8   (quando dentro da dança) com a chama:
9   imagem pouca e pequena para contê-la,
10 conter sua chama e seu mais-que-chama.
11 E embora o poema estime que a imagem
12 não conteria tudo dessa chama sozinha,
13 que por si se ateia (se e quando quer),
14 de quanto o mais-que-chama não estima;
15 pois vale o duplo de uma qualquer chama:
16 estas só dançam da cintura para cima. (idem, 1966, p.218)

Como ocorre com a pintura e com a música, em que o mesmo motivo de uma composição é retomado em outra, "Dois P.S. a um poema" surgiu como singularização estética e recuperação estilística da linguagem produzida em "Estudos para uma bailadora andaluza". Surgiu como consciência progressiva do processo criador. Consciência que se instaura na expressão "mais-que-chama" sugerida apenas no poema de 1959. Analogamente ao conhecimento de uma outra realidade, transmudada naturalmente pela evolução das coisas, o trabalho poético evolui e se aproxima paulatinamente da complexidade do mundo. "O mundo existe e o escritor fala, eis a literatura. O objetivo da crítica é muito diferente; não é o 'mundo', é um discurso, o discurso de um outro" (Barthes, 1970b, p.160). E esse discurso primeiro (a poesia) jamais é dado ao crítico de forma imediata. Daí a dificuldade do trabalho do crítico. Pois, sendo a literatura discurso mediador entre uma visão de mundo (a do poeta) e outra (a do crítico), atua como espaço mobilizador de relações ideológicas. A linguagem, organizada de modo especial, proporciona equivalência de signos. Já "os signos", diz Algirdas Julius Greimas (1976, p.16),

> definidos segundo a tradição saussuriana pela reunião de um significante e de um significado, podem ter dimensões desiguais: uma palavra, uma frase são signos, mas também um discurso, na medida em que este se manifesta como uma unidade discreta. Numa primeira abordagem, o discurso poético pode ser considerado como um *signo complexo*.

A educação pela pedra significa um importante momento na trajetória inventiva de João Cabral de Melo Neto. Pode-se dizer que essa obra representa o efeito de um trabalho progressivo que teve o seu início em 1942, com a publicação de *Pedra do sono*, e que continuou, passando por estágios de tensão interna, verdadeiros pontos nevrálgicos para a escalada da sua invenção. Não se pode perder de vista nessa trajetória obras como *O engenheiro* (1942-1945), *Psicologia da composição* (1946-1947), *O cão sem plumas* (1949-1950) e outras obras que marcaram escala no voo de João Cabral como criador. Durante todo o percurso, o fio condutor do trabalho desse poeta foi sempre a ruptura com o conceito de lirismo estabelecido no Classicismo, que permaneceu mesmo depois do advento do Romantismo. É por meio desse tipo de proposta de luta permanente com a lírica tradicional que o poeta se posiciona diante de toda a tensão crítica que demarcou a lírica moderna. A poesia de João Cabral responde com a sua própria tensão às indagações mais respeitáveis do nosso século. Entre elas, destaca-se a obra poética e ensaística de Paul Valéry. Faz-se mister, neste ponto do trabalho, considerar algumas ideias desse pensador, contidas no ensaio, denominado "Poésie et pensée abstraite" (1938). Isso porque, às considerações feitas no ensaio corresponde a prática construtivista de João Cabral, principalmente no que diz respeito à ruptura com o lirismo acima apontada.

INTERTEXTUALIDADE ENTRE POEMAS DE OBRAS DIFERENTES 129

O texto se constitui de um encadeamento de ideias, todas elas indispensáveis para a compreensão da sua teoria sobre o fazer poético. Destacarei algumas dessas ideias que sejam mais pertinentes para a reflexão que se vem fazendo sobre a obra cabralina. Ao iniciar, algumas informações são transmitidas sobre a necessidade de se distanciar das concepções tradicionais sobre Poesia. Essas concepções são consideradas "diluídas", "rotuladas" e "convencionais". A limitação desse pensamento tradicional não ocorre apenas com relação ao processo de criação, mas também ao processo de reflexão sobre o objeto poético. Contrariando, então, essa limitação, Valéry desenvolve alguns pontos fundamentais, dos quais se destacam os seguintes:

1. Necessidade de *recomeçar*, de uma *reconsideração* imposta pela consciência de linguagem, para que seja possível um *descondicionamento* das considerações anteriores, impregnadas de desvios e superficialidades frente ao objeto poético.

2. Caráter ilusório da imagem tradicional da lírica, que não corresponde às reais necessidades do Homem.

3. Necessidade de singularizar a palavra considerando os seguintes níveis:
   a. diferença básica entre o ato de comunicar (apenas universo verbal) e o ato de expressar (inclui-se aqui o universo extraverbal);
   b. desobjetivação da palavra com relação a um significado e a sua função como motivadora de significação;
   c. trabalho do poeta nas combinações de palavras;
   d. consciência de uma estrutura profunda no texto literário que se distancia de uma referência imediata.

4. Aspectos mais diretamente ligados à nova concepção de Poético:
   a. a poesia é uma arte de linguagem;
   b. a emoção, o estado poético é produzido no leitor e não no poeta;
   c. logicamente, uma vez que cada indivíduo é dotado de valores, ideias, estes se interligam, chamam-se, confundem-se e se equivalem harmonicamente no universo poético;

130 TRANSIÇÃO E PERMANÊNCIA

d. Valéry propõe analogia entre o universo poético e o universo do sonho. Ao dizer que essa relação se iniciou no Romantismo, sugere uma continuidade que teria atingido o seu ponto alto com o Surrealismo.

5. As emoções, os incidentes sensíveis, os estados plenos, o fluxo de ideias não constituem Poesia.[3]

6. Ao comparar o universo musical com o universo poético, Valéry considera este último tolhido de certas facilidades daquele universo. Segundo ele, o universo poético não pode ser constituído pelo uso da beleza; mas deve servir-se de empréstimos da *linguagem*: a voz pública, aquela coleção de termos e regras tradicionais e irracionais, criadas e transformadas, bizarramente codificadas e muito diversamente entendidas e pronunciadas. O texto criado pode ser analisado em vários níveis. Pode ser alternadamente justificado pela Fonética, pela Semântica, pela Sintaxe, pela Lógica, pela Retórica, pela Filologia, sem omitir a Métrica, a Prosódia e a Etimologia. O poeta está comprometido com a sua matéria verbal, obrigado a especular sobre o *Som* e sobre o *Sentido* conjuntamente; satisfazer não somente à harmonia, ao período musical, mas a todas as condições intelectuais e estéticas variadas, sem contar as regras convencionais.

7. O processo de criação é mais importante que a obra produzida.

8. Ao comparar a prosa e a poesia em relação de equivalência à marcha e à dança, respectivamente, faz-se evidenciar uma série de aspectos que posteriormente foram reconsiderados por outros estudiosos. Parece-me que a poesia vista como dança, encerrando-se em si mesma, é coerente com a própria definição de função poética de Roman Jakobson (1969b, p.130). E, nessa perspectiva, a dança representa a inclusão, na

---

3 Note-se a aproximação com os primeiros versos do poema "Procura da poesia", de Carlos Drummond de Andrade (1977, p.9): "Não faças versos sobre acontecimentos./ Não há criação nem morte perante a poesia./ Diante dela, a vida é um sol estático,/ não aquece nem ilumina./ As afinidades, os aniversários, os incidentes pessoais não contam".

Poesia, do universo extraverbal, captado pela organização da mensagem poética que se faz por relações de equivalência, frutos de rupturas a que chamaríamos de organização especial da linguagem ou discurso capaz de criar o universo do *sonho*.

Paul Valéry propõe ainda ideias de natureza relevante, como a motivação do signo linguístico no universo poético. Volta a considerar o problema do pensamento abstrato, Filosofia do Poeta. Confirma o aspecto profundo da Poesia como discurso que transcende as demais áreas do conhecimento, por conjugar não só a sensibilidade dos sentidos, mas também a sensibilidade geral (compreendendo aqui a inclusão do Pensamento).

Para empreender uma nova concepção de lirismo, baseada no descondicionamento e na desobjetivação, João Cabral de Melo Neto, totalmente coeso a essas considerações, não anula as formas tradicionais do verso, como já foi discutido no primeiro capítulo. Parte das normas fornecidas e sedimentadas pela tradição e vai engendrando novas formas, novos caminhos de linguagem. Sobre a ruptura com o lirismo em João Cabral, analisa Benedito Nunes (1974e, p.153):

> João Cabral *não rompe com as formas tradicionais do verso*. Ele inventa a sua linguagem a partir delas e nelas arrimado, quaisquer que sejam as modificações que lhes imponha. Nisso consiste o paradoxo da obra desse poeta, cuja forma discursiva suporta, sem desintegrar-se, uma sobrecarga semântica e objetal de elementos não discursivos. É, enfim, o paradoxo de uma poesia de construção, aliada ao verso, de que não abdica, embora modificando-o, e à sintaxe lógica que sustenta a lógica da composição poética.

Apesar de estar se dirigindo à linguagem poética de Cabral utilizada em *Psicologia da composição*, os dizeres do crítico são completamente ajustáveis à forma de composição em *A educação pela pedra*. A simetria existente na obra revela um "equilíbrio" formal cujos ecos atingem a impassibilidade clássica. Em contraparte a esse equilíbrio de macroestrutura, movimentam-se as relações rompedoras da microestrutura que conferem à obra a sua singularidade.

Fundamentalmente, são essas relações paradoxais entre macro e microestruturas que sustentam a pertinência de um estudo intertextual da poética de João Cabral de Melo Neto com a obra pictórica do pintor catalão Joan Miró.

CAPÍTULO 4

Transição e permanência

João Cabral/Joan Miró

FIGURA 4.1 *Palavras do poeta*, 1968, óleo sobre tela, Joan Miró, 130 x 195 cm.

FONTE: COLEÇÃO PARTICULAR

O sim contra o sim

Miró sentia a mão direita
demasiado sábia
e que de saber tanto
já não podia inventar nada.

Quis então que desaprendesse
o muito que aprendera,
a fim de reencontrar
a linha ainda fresca da esquerda.

Pois que ela não pôde, ele pôs-se
a desenhar com esta
até que, se operando,
no braço direito ele a enxerta.

A esquerda (se não se é canhoto)
é mão sem habilidade:
reaprende a cada linha;
cada instante, a recomeçar-se.

João Cabral/Joan Miró: introdução

As possibilidades de aproximação da estrutura poética de João Cabral de Melo Neto à estrutura pictórica de Joan Miró foram percebidas pela primeira vez em 1975, quando eu ainda desconhecia o conjunto da obra plástica daquele pintor catalão. Era por mim também desconhecido o estudo de João Cabral sobre Miró, de 1950. O que me remeteu às relações aproximativas entre as duas linguagens foi, de princípio, o processo de recomposição ou composições emparelhadas de catorze poemas de *A educação pela pedra*. Observando algumas gravuras de Miró, pude perceber que o mesmo processo de composição era utilizado por ele em trabalhos cuja macroestrutura se mantinha praticamente a mesma, enquanto os elementos figurativos acrescentados e alterados nem sempre se evidenciavam aos olhos do observador. Em Cabral, essa técnica revela o ponto alto das relações intertextuais, pois as composições emparelhadas apresentam vários tipos de nuanças no esquema de alteração, criando, às vezes, uma aparente identidade entre os textos. É o caso de "O mar e o canavial" e "O canavial e o mar", onde o que se altera é apenas a ordem de grupos de versos, mantendo-se a

140 TRANSIÇÃO E PERMANÊNCIA

mesma estrutura desses versos, o mesmo léxico e o mesmo desenvolvimento sintático.

Além dessas considerações, deve-se dizer que já se tornou aspecto notório na poesia de João Cabral a busca da imagem concreta, o caráter visual da sua poesia, dada a espessura dos vocábulos que perseguem o seu mecanismo de composição desde *Pedra do sono*, obra discutida na abertura deste trabalho na análise do poema "Dentro da perda da memória". Esse poema, como já vimos, é criado de maneira bastante próxima das composições plásticas do Surrealismo e do Cubismo.

Depois de confirmar a pertinência de um estudo comparativo entre os dois campos de expressão, passei ao desenvolvimento de uma série de pesquisas e cheguei à conclusão de que se trata de um universo rico para possíveis investigações mais profundas. Dada a própria natureza deste trabalho, fundada no processo de criação de *A educação pela pedra*, foi necessário delimitar apenas alguns aspectos, considerados básicos para as relações aproximativas. Assim sendo, para tão complexo e fascinante assunto, reservei apenas este último capítulo, completando os movimentos intertextuais do presente estudo.

As relações associativas vão emergindo, sucessivamente, acompanhando a minha penetração nas imbricações dos dois objetos estéticos. Apesar do pequeno espaço que me foi possível reservar ao assunto, tentarei explicitar da melhor forma os pontos convergentes entre o processo de criação em João Cabral e o processo de criação em Joan Miró.

Joan Miró: considerações preliminares

Joan Miró i Ferrà nasceu a 20 de abril de 1893, em Barcelona. Um dos mais representativos pintores do nosso século, coloca-se ao lado de Picasso, Paul Klee e outros. Pintor eminentemente espanhol, Miró produziu a maioria de suas obras em Barcelona, Montroig e Palma de Maiorca, onde instalou o seu ateliê a partir dos anos 1960. Miró participou ativamente dos movimentos de vanguarda mais significativos do século XX. Iniciou o seu trabalho integrando-o ao Fauvismo,

TRANSIÇÃO E PERMANÊNCIA   141

quando, em 1919, passando algum tempo em Paris, recebeu influências do Cubismo de Pablo Picasso e Georges Braque, o que se faz
notar em alguns dos seus quadros desse período. Simultaneamente,
foi atraído pelo Dadaísmo, pelo contato com Tristan Tzara, Francis
Picabia, Antonin Artaud e Robert Desnos. Em 1924, quando o Surrealismo estava começando a se estabelecer, Miró tornou-se todo disponível para os líderes do movimento – Louis Aragon, André Breton e
Paul Éluard. Mas, a partir de 1925, Miró revelou-se como pintor por-
tador de um estilo diferente do de qualquer movimento a que estivera
ligado, inclusive o Surrealismo. Chegou a chocar e entrar em certo
atrito com alguns dos elementos desse movimento, por apresentar um
trabalho desvinculado das normas estabelecidas pelo grupo. São de
1925 a 1927, portanto período da sua revelação, quadros como *Cabeça
de camponês catalão*, *Cabeça de fumante*, *Pintura sobre fundo branco*,
Nu e *Personagem lançando uma pedra para um pássaro* (Figura 4.2),
pertencente ao Museu de Arte Moderna de Nova York.

Sobre esse quadro, comenta Jacques Dupin (1961, p.164):

> É um perfeito exemplo daquela sobrevivência das formas brancas na
> paisagem reconquistada. A personagem, de uma só cor branca, conserva
> o esquematismo alusivo às pinturas do sonho. O seu gesto é somente
> figurado por uma metáfora gráfica de uma linha direita orientada
> reta (cortada) por uma linha curva pontilhada da trajetória da pedra.
> O pássaro lembra as figurações de 1924, as suas cores possuem agora
> uma nova intensidade: o círculo azul da cabeça, o rabo escarlate, o bico
> verde. E a decoração contrasta fortemente com o simbolismo do cenário:
> o mar negro separa o céu verde-esmeralda da terra amarelo-limão.

Essa nova linha estética de Miró, na verdade, indiciava uma ética
de trabalho que iria progressivamente se desenvolver numa luta constante entre a busca de uma captação do real por meio de uma pintura
poética e a consciência a respeito da construção desse trabalho. Esse
tipo de postura começa a se acentuar a partir de 1928, com a criação
da série *Interiores holandeses*, em que o pintor desenvolve mais diretamente uma obra parodística e crítica sobre a pintura tridimensional
criada pelo Renascimento.

FIGURA 4.2 *Personagem lançando uma pedra para um pássaro*, 1926, óleo sobre tela, Joan Miró, 73,7 x 92,1 cm.

FONTE: MUSEU DE ARTE MODERNA, NOVA YORK

Entre 1930 e 1935, depois de uma série de experiências plásticas incluindo já a colagem, Miró atinge uma concentração plástica na sua pintura, que pode ser denominada de figuração abstrata. É uma fase importante, na qual o artista desenvolve obras mais abstratas em busca de uma desobjetivação maior dos referentes da realidade, que vão sofrendo verdadeiras metamorfoses na sua obra. Essas metamorfoses atingem o seu ponto alto de 1935 a 1939. Depois de ter rompido

TRANSIÇÃO E PERMANÊNCIA 143

com a terceira dimensão, buscado ritmo novo na sua pintura com pesquisas com a linha e rompido com o imediatismo verossímil da pintura clássica, Miró, nesse período, liberta-se da moldura. Sobre esse aspecto tão relevante, diz João Cabral (1952, p.16): "Essa libertação não é assinalada por uma exclusividade de maneira dentro das suas obras dessa época, e sim pela frequência sempre maior que se nota no emprego dessa liberdade. E uma libertação não sistemática, interrompida por outras experiências contrárias, em que o artista parece medir-se". São obras desse período *Guache sobre papel negro* (1937), *Os amorosos* (1935), *Cabeça* (1937), *Figura em estado de metamorfose* (1936), *Cabeça de mulher* (1938), entre outras.

Mas, dentre os vários grandes momentos do processo criador de Joan Miró, parece ser a fase de 1939 a 1941 a mais representativa da sua evolução pictórica. Todas as obras produzidas nesse período pertencem à série denominada *Constelações*. Consiste num tipo de trabalho profundamente detalhado, atingindo, em certos casos, certa prolixidade. A desestruturação das formas é tão radicalmente acentuada que atinge um abstracionismo intenso. É inegável, porém, a beleza plástica desse trabalho que de maneira tão extrema parece deixar fugir das suas mãos a realidade. Esse procedimento de Miró, como tantos outros que marcaram os seus grandes momentos de tensão, anunciava uma última fase de descritivismo detalhista e prenunciava uma sucessão de fases cada vez mais concisas e mais espessas.

As *Constelações* se constituem de vinte quadros, dentre os quais se destacam *Uma gota de orvalho cai da asa de um pássaro, O levante do sol, A estrela matinal, Mulher e pássaro, A poetisa, Noturno, O belo pássaro decifrando o desconhecido durante a cópula dos amantes* e *Mulheres enlaçadas pelo voo de um pássaro* (Figura 4.3). Já o título *Constelações* revela a sua nova aproximação cósmica da natureza.

> Sobre a superfície nebulosa e contínua se organiza uma rede de signos icônicos articulados, vasta amostra de presenças cósmicas, tirada do repertório de formas míticas próprias de Miró; o voo dos pássaros, das serpentes, de estrelas, de meias-luas, mas também de seres humanos esquematicamente designados pelos olhos, as orelhas, os pés ou pelos sexos femininos altamente estilizados e simbólicos. (Rowell, 1972, p.75)

FIGURA 4.3   *Mulheres enlaçadas pelo voo de um pássaro*, 1941, calótipo nas cores de guache sobre pergaminho Arches, Joan Miró, 43,3 x 35,7 cm.

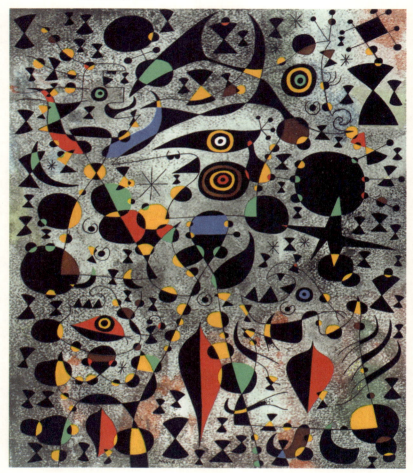

FONTE: COLEÇÃO PARTICULAR

 É um vertiginoso movimento que transcende à mera movimentação espacial, mas atinge também movimentos temporais, lembrando as composições musicais mais elaboradas como aquelas de Johann Sebastian Bach e Wolfgang Amadeus Mozart, como aponta a crítica Margit Rowell (1972).

TRANSIÇÃO E PERMANÊNCIA

Entre os anos de 1954 e 1959, não ocorreu vasta produção pictórica de Miró. Isso por ter se dedicado bastante à realização de trabalho de cerâmica e litografia. Nesse período, Miró já havia levado ao extremo as suas experiências estéticas e já havia conseguido demonstrar com a sua arte o intenso potencial expressivo da pintura, desde o Fauvismo inicial até as *Constelações*. Agora, Miró desenvolve na litografia mais uma etapa do seu trabalho, voltado para uma concisão muito grande, como se tivesse descoberto, pelo seu trajeto criador, que o primitivismo sincrético é a melhor forma de expressar o mundo. Dir-se-ia de um período "infantil" de Joan Miró, onde as cores primárias chapadas conferem às figuras icônicas uma espessura peculiar.

Seguindo a essa fase, no final dos anos 1950 até meados da década de 1960, o pintor, que sempre esteve envolvido com a poesia, passa a produzir os seus quadros de maneira profundamente poética. Como poemas visuais, os quadros apresentam frequentemente títulos poéticos. As pinturas de 1968 dão o mesmo sentimento de unidade por meios diferentes. Os signos tipográficos retirados dos seus contextos culturais tornam-se fagulhas de alusões imprecisas, equívocas e poéticas. O humano e o sublime se harmonizam numa imagem única de dimensão cósmica. Como exemplos temos *Silêncio* (1968), *Poema I* (1968), *Cabeça de mulher* (1967), *Gota de água sobre a neve rosa* (1968) e *O nascimento do dia* (1964) (Figura 4.4).

João Cabral/Joan Miró: da tela ao texto

A linha de conduta que norteia o desenvolvimento estético da poesia de João Cabral de Melo Neto revela uma antinomia composicional no que se refere ao seu estilo, por conjugar impessoalidade e subjetividade num plano de equilíbrio perfeito. Se, por um lado, as composições de *A educação pela pedra* tratam sempre de referentes da realidade externos ao eu lírico, sem jamais fazer uso da primeira pessoa, por outro, a estrutura da obra, as obsessões estilísticas como maneira de expressão daqueles referentes revelam uma intenção bastante marcada por traços composicionais próprios de um enunciador lírico que confirma a cada ponto do discurso a sua viva presentificação. De

FIGURA 4.4 *O nascimento do dia*, 1964, óleo sobre tela, Joan Miró, 146 x 113,5 cm.

FONTE: COLEÇÃO PARTICULAR

TRANSIÇÃO E PERMANÊNCIA

maneira análoga, o processo inventivo de Joan Miró articula, por um lado, profundo racionalismo criador a uma sensibilidade não menos profunda, tendo como resultado uma obra impessoal em busca da sua autonomia expressiva. Por outro lado, pode-se afirmar que existe intensa subjetividade no trabalho de Miró, dado o seu caráter próprio, a sua coerente e conflitiva trajetória expressa pelo movimento interno do seu trabalho, que só o estilo de um artista que manifesta a sua intenção pode revelar. Esse estilo, num primeiro impacto, provoca aos olhos do observador a impressão de se tratar de traços infantis, principalmente nas litogravuras de 1951 a 1960, por atingir uma dimensão sincrética ao lidar com os ícones mais representativos do seu repertório. O tratamento das cores e das formas, além das composições em arabescos, expressa uma espontaneidade que só as mãos de uma criança conseguem manifestar. Porém, como a significação da sua pintura não está radicada na sua macroestrutura, mas na maneira de articulação de cada traço ou de cada tom mais ou menos acentuado, assim como na escolha dos elementos de sentido, vai ser num segundo momento que a sua obra deixa entrever uma contração racional, uma alerta construtividade que consegue fundir num mesmo espaço os mais significativos e profundos recursos da existência humana. É o caso, por exemplo, da litografia denominada *Menininha*, de 1948 (Figura 4.5), que considero uma das expressões mais densas dessa série "infantil" de Joan Miró. A descentralização dos elementos no espaço da tela é o primeiro aspecto que deve ser ressaltado. Não sabemos para que lado devemos olhar. A própria noção de *dever* olhar já revela todo o nosso condicionamento óptico preso por uma condição a nós imposta e a qual conduz até um dos elementos mais expressivos e mais livres do nosso corpo: os olhos. Aprendemos a dirigir a nossa consciência e daí todos os nossos membros e sentidos. A imagem visual de *Menininha* se apresenta livre e expressiva e nós nos perdemos diante de tantas ações. Existe íntima relação entre a emolduragem e o espaço do quadro. Rompe-se o sentido de proporção das figuras e a sua distribuição dentro da forte linha traçada à volta demarcando o limite. Se o corpo da menina fosse desenhado em posição vertical, o desenho ultrapassaria o contorno. Então, o problema se resolve mantendo na vertical a forma triangular referente à parte inferior à cintura e desenhando

FIGURA 4.5   *Menininha*, 1948, litografia, Joan Miró, 26,7 x 37,4 cm.

FONTE: COLEÇÃO PARTICULAR

na horizontal o tronco e a cabeça da menina. A sua expressão, acentuada pelos olhos muito abertos em nossa direção, parece estar nos alertando para o próprio contexto em que aparece. As formas básicas dessa pintura são as primárias: o triângulo, o quadrado e o círculo. Note-se também a posição dos braços da menina. A mão esquerda justaposta à estrela, deixando assim, no mesmo nível, um elemento cósmico e a figura humana.

Isso se intensifica quando percebemos que a estrela ocupa o lugar do corpo, criando assim uma relação metafórica entre a menina e a estrela. A mancha disforme no rosto da menina, proveniente do seu corpo, provoca uma relação duplicada deste, deixando-nos entrever o

TRANSIÇÃO E PERMANÊNCIA 149

movimento que se deu da verticalidade para a horizontalidade dele.
São alguns elementos de desestruturação interna da pintura de Miró altamente significativos que não se percebem de maneira imediata: uso da relação bidimensional, sem perspectiva, a moldura existindo como mais uma linha dentre as figurações, a utilização dos elementos, o sincretismo visual, o movimento – traços relevantes para uma forma de expressão muito mais crítica e muito mais reveladora de uma realidade.

O estilo de João Cabral, já explicitado em vários momentos deste trabalho, constrói-se a partir de rupturas constantes com a lírica tradicional analogamente a Miró, que vai progressivamente se distanciando da pintura clássica que buscava ilusão de profundidade.

A poesia de "superfície" de João Cabral apresenta-se sob um aparente conservadorismo que chega a nos lembrar composições clássicas e composições parnasianas, no que concerne à habilidade técnica e ao rigor construtivista. Porém, ao nível da microestrutura, a sua poesia se cria por um movimento difícil de formas sintáticas inesperadas, que conduzem a camadas semânticas ambíguas e dialéticas na maioria das vezes. Quanto ao trabalho formal, o próprio poeta já enumerou os níveis de manifestação que caracterizam a poesia moderna (vide "Introdução") e todos os níveis são concretizados no espaço discursivo de sua obra. Alguns daqueles aspectos, e outros não enumerados por João Cabral, já foram notados e analisados, não só no poema-título como também nas demais leituras que se desenvolveram até este ponto do trabalho. *A educação pela pedra* é um manancial de ocorrências inovadoras que instauram, quase sempre, a surpresa no leitor, exigindo dele permanente atenção. Entretanto, a esses traços formais estão conectados os conteúdos escolhidos e aqueles gerados no âmbito interno dessa poesia que alicerça a integração entre composição e comunicação.

Joan Miró/João Cabral. Ambos revelam no seu trabalho a busca do dinâmico em dois sentidos: o primeiro consiste em estarem sempre conseguindo certo grau de superação dos seus próprios mecanismos de composição; o segundo consiste na mobilização que as suas obras conseguem provocar na consciência do fruidor. Elas demonstram, expressivamente, o conhecimento profundamente interiorizado de

150 TRANSIÇÃO E PERMANÊNCIA

uma cultura clássica e, ao mesmo tempo, a superação dessas imposições tradicionais. É a partir do conhecido, mantido pela memória, que o novo, o singular, o descarnado emerge no seu trabalho criador, que procura se desvincular daquilo que a tradição possui de estagnador. Não se trata, no caso, de obediência da memória, mas da perseguição da própria sombra para se atingir o próximo contorno. Porém, essa perseguição causadora de uma contínua evolução se esconde sob um aparente conformismo estético. Em Miró isso se dá quanto ao seu estilo, à sua maneira de construção do quadro no plano externo. Trata-se de quadros de forma retangular, com formatos e suportes normais, na sua maioria, de tela, todavia não sendo raros os outros, de fibra-cimento. Os pigmentos, os dissolventes, os adesivos são normalíssimos. É preciso notar que os objetos não ficam livre e diretamente no espaço. São resultado de um trabalho construtivista em que cada linha, cada mancha ou figura estilizada é posta cuidadosamente no lugar que lhe cabe no espaço da tela. As formas presentes no quadro são alusões a outras formas e outros espaços que, quase sempre, revelam uma redução bidimensional. Um objeto, por exemplo, tem um caráter biológico que revela a evocação de outro objeto de maior escala, e um fundo alude, com frequência, aos objetos geológicos e cósmicos, numa escala, todavia, mais exagerada. Todos esses aspectos que parecem revelar uma simetria e um equilíbrio de uma pintura conservadora do pintor se realizam sob a linha da transformação, da ruptura. Trata-se de uma outra ordem de coisas, de uma recuperação expressiva da pintura, por meio de verdadeira metamorfose.

Em Cabral, essa aparência de um conservadorismo já foi discutida no primeiro capítulo deste trabalho. Existe, em *A educação pela pedra*, uma simetria ao nível de macroestrutura que norteia toda a divisão do livro e a diagramação dos poemas. As composições apresentam simetria numérica (48 poemas) dividida em quatro partes iguais (a:, b:, A:, B:) com doze poemas por parte. Exatamente 24 poemas da obra possuem 24 versos, e os 24 restantes possuem dezesseis versos. Todos os poemas são dípticos, e em metade desses poemas as estrofes são separadas por uma estrelinha e em outra metade, separadas pelo número 2.

A disposição dos dípticos na "Edição do Autor", dispondo cada estrofe em uma página, criando assim uma justaposição dos blocos

TRANSIÇÃO E PERMANÊNCIA 151

estróficos, confirma e acentua a valorização dada à distribuição espacial das composições e a distribuição do espaço em branco que as circunda e as divide. A plasticidade dessa obra se mantém na escolha da palavra e no tratamento a ela conferido, na criação da imagem e na integridade soante e dissonante das assonâncias e das aliterações. Cada poema é uma alusão a outros poemas, cada traço formal é uma remissão a traços formais já realizados pelo poeta, e o que é notório é o seu caráter sempre novo, primitivo, como se aprendesse sempre a compor um primeiro poema. O léxico circunda num âmbito restrito, ressecado, pétreo, conferindo a cada composição e à obra toda aquela espessura própria de João Cabral de Melo Neto. Os temas, como em Miró, são na maioria das vezes voltados para os elementos cósmicos e naturais, tais como a pedra, o sol, a água, o mar, a terra e o céu, integrados sempre ao Homem, ser para quem fala e de quem fala no espaço subliminar do texto. Nessa realidade de microestrutura, de penetração interna, ambos também são análogos no que concerne às críticas expressas à condição do Homem. Em Cabral, a dimensão social se acentua, conduzindo-nos à dimensão existencial. Em Miró, o que se mostra mais claramente é a própria dimensão filosófica do Homem, posta em questão pelas suas figurações. Ambos, de qualquer forma, desfocam a atenção condicionada do observador pelo teor de rupturas que se ressaltam aos nossos olhos e aos nossos valores, propondo mobilidade diante das coisas que nos cercam.

Joan Miró/João Cabral: o processo de recriação

Nos capítulos anteriores, foram analisados dois tipos de intertextualidade ocorrentes na movimentação estética de *A educação pela pedra*. O primeiro, correspondendo ao segundo capítulo, manifestou-se pelo intercâmbio progressivo de poemas geradores de poemas, numa movimentação interna cuja relação intertextual ia se manifestando de acordo com o nível de penetração analítica que se ia realizando em cada composição. O que se evidenciava eram constantes remissões de um para outro discurso, como num processo de ampliação de detalhes que se tornavam novas composições. O

152 TRANSIÇÃO E PERMANÊNCIA

trabalho de leitura comprometia-se, dessa forma, com as relações interpretativas apreendidas de cada texto em particular e no conjunto de textos. Apesar da escolha de apenas cinco poemas para demonstrar aquele tipo de movimentação de sentido e de linguagem, o processo gerativo das composições envolve todo o livro e se realiza das mais variadas maneiras.

O segundo tipo de manifestação intertextual corresponde ao terceiro capítulo, e demonstrou uma intenção mais explícita quanto à relação interna de um discurso com outro. Só que a relação intertextual se distinguia do primeiro caso por consistir na remissão de um poema de *A educação pela pedra* a um poema de *Quaderna*. O poema foi gerado como *post-scriptum* de outro poema fora da obra. O novo texto passava, assim, a ser uma paródia estilizada cujo texto primitivo pertencia ao mesmo autor do texto parodístico. Apesar de João Cabral ter sempre revelado um tipo de trabalho que expressa o seu compromisso com a busca de uma nova conquista criativa, onde composição e comunicação se conjuguem poeticamente, "Dois P.S. a um poema" explicita, pelo seu caráter parodístico, essa consciência do poeta de maneira *sui generis*. A reconsideração de um trabalho já realizado, "Estudos para uma bailadora andaluza", é poeticamente manifestada por um novo discurso. A própria forma de composição do texto já fala por si própria enquanto recuperação do outro.

Agora passarei a demonstrar o terceiro tipo de processo intertextual na poesia de João Cabral em *A educação pela pedra*. E, respeitando a proposta do capítulo em questão, corresponderá ao segundo movimento dessa aproximação comparativa com o processo criador do pintor catalão Joan Miró. Notar-se-á que os procedimentos utilizados nas duas linguagens são análogos e, portanto, merecedores de explicitação. Em ambos os casos, consistirá num trabalho de recriação a partir de uma obra realizada por outro artista. Cuidarei, primeiramente, do processo recriativo na pintura e, a seguir, passarei à poesia.

Na pintura de Miró é frequente o aparecimento de obras sobre o mesmo tema. Segundo Alexandre Cirici Pellicer (1970), o processo de composição e recomposição de objetos em busca do seu esboço significativo já se faz notar nas suas obras desde 1918, quando apresenta telas com decomposição de elementos – a árvore é decomposta

TRANSIÇÃO E PERMANÊNCIA 153

nos seus elementos: ramos, flores, frutos, e as plantas do campo aparecem bem individualizadas. Cada coisa é escritura da coisa. Cada figura, um ideograma. Mas é de 1928 o quadro que passarei a analisar. Trata-se de *Interior holandês I*, pertencente a uma série constituída de três telas: *Interior holandês I, Interior holandês II* e *Interior holandês III*. Cada uma das telas consiste num trabalho de recriação parodística a partir de uma tela clássica do século XVII holandês. *Interior holandês II*, por exemplo (pertencente, como os outros dois, à Coleção Peggy Guggenheim), é a recriação de *A lição de dança do gato*, de Jan Steen. Para Jacques Dupin (1961), a comparação das duas telas mostra que não há, de uma para outra, inspiração ou interpretação, mas uma verdadeira transformação fantástica. A recriação de modo fantástico entra em adjunção com os elementos inventados. Por exemplo, do ventre de um cachorro recriado se solta uma serpente monstruosa. O gato não é mais reconhecível, ele é apresentado como aquele minúsculo mecânico ao centro das coisas para as quais as observações e os gestos convergem.

A experiência de um novo espaço conduz a organizar a superfície e a utilizar as novas possibilidades rítmicas que são descobertas. O que mais existe no quadro é a justaposição de figuras e o movimento espiral provocado, que se desenvolve numa continuidade espacial, cujo poder de envolvimento é intenso. A partir dessa experiência de recriação ou criação parodística, Miró realizou outras telas, como é o caso de *Interior holandês III*, criado a partir de *O fruto da terra*, e, a partir do quadro holandês de George Engleheart, *Retrato da sra. Mills*, em 1929.

Essa série de trabalhos recompostos foi produzida após uma viagem de duas semanas que Miró realizou à Holanda em 1928. Segundo William Rubin (1973), Miró ficou impressionado com o estilo das pinturas do século XVII holandês. O que mais o atraía era o meticuloso realismo e a multiplicação dos detalhes que compunham aquelas obras. Uma vez que algumas eram impressas em cartões-postais, ao voltar para a Espanha Miró levou-os para Montroig e, durante o verão, usou-os como ponto de partida para a sua série *Interiores holandeses*.

Interior holandês I, o primeiro trabalho da série, é considerado o mais complexo e ornamental e consiste na recriação de um quadro

154 TRANSIÇÃO E PERMANÊNCIA

de Hendrick Maertensz Sorgh (Genaille, 1967, p.187),[1] *O tocador de alaúde* (Figura 4.6).

Nessa obra, Hendrick Maertensz Sorgh rompe, de certa maneira, com a linha de motivos que quase sempre desenvolveu na sua pintura. Acostumado a pintar ambiências externas, vale-se, em *O tocador de alaúde*, de uma temática comum durante os séculos XVI e XVII: ambiências internas com o motivo de instrumentos musicais. Trata-se de uma obra cuja estrutura muito bem revela o espírito clássico da segunda metade do século XVII na Holanda: demarcação moral expressa pelo trabalho do espaço e de luz na composição da obra. O que aparece em primeiro plano, aos olhos do observador, é a luminosidade que conduz nossa óptica, formando uma linha diagonal de um a outro vértice do quadro de forma retangular. Através dessa luz proveniente do ambiente externo, que se faz notar pela janela aberta do lado esquerdo, na parte superior do quadro têm-se todos os elementos que dominam o plano temático da obra: o tocador de alaúde, a sua expressão facial voltada para o caderno de música, o próprio alaúde, cujas formas acompanham a posição da cabeça do tocador, a mulher que ouve totalmente absorta, cujos olhos se dirigem não ao instrumento, mas à expressão facial do músico, a fruteira sobre a mesa recoberta com o forro branco, cujas dobras acompanham o movimento da luz diagonal, a jarra de vinho e, mais abaixo, já no vértice direito, um tecido branco que parece ser um bordado, sobre a almofada. Os demais elementos que compõem o cenário pictórico são mais ou menos evidenciados, dependendo da distribuição de luz ou do distanciamento espacial. Assim sendo, é num segundo plano que observamos a presença de um cão sobre o piso de ladrilho xadrez, um gato próximo do banquinho escuro, os balaústres da janela, a grade da janela interior, um quadro na parede, um cálice de vinho, um prato sobre a mesa, as cortinas da janela, a videira que recai próxima à cortina, a paisagem do quadro, a cadeira do tocador, os seus pés, a toalha estampada da

---

1 Pintor flamengo especializado em pinturas de ambientes externos, sempre relacionadas a assuntos da marinha. Os quadros são de pequeno formato – o maior mede 20 centímetros. Pintor de *A tempestade em Amsterdam*, *O mercado de peixes* e *O mercado de legumes*, entre outros, como *O cabaré* e *Alegoria da paz*. Sua obra não é absolutamente marcante na história da pintura holandesa.

FIGURA 4.6   *O tocador de alaúde*, 1661, óleo sobre painel, Hendrick Maertensz Sorgh, 51,5 x 38,5 cm.

FONTE: RIJKSMUSEUM, AMSTERDÃ

156 TRANSIÇÃO E PERMANÊNCIA

mesa sob o forro e outros detalhes. São elementos não atingidos diretamente pela luz externa, tornando-se mais ou menos obscurecidos no quadro. E, finalmente, observam-se, em terceiro plano, os elementos mais distanciados espacialmente que se encontram do lado externo do ambiente. Torna-se bem mais difícil delinear esses elementos detalhadamente dispostos, não por falta de luz, mas pela distância que mantêm do cenário interior, colocado em primeiro plano. Entre eles, conseguem-se perceber o céu, as nuvens, construções, ponte, barco sob a ponte, arvoredo por trás das construções, barco e remador.

Trata-se de uma pintura clássica caracterizada pela serenidade e estaticidade que compõem o seu espaço artístico. O caráter tranquilo do ambiente parece acentuar um determinado idealismo artificial que se contrapõe a uma possível postura crítica a partir de uma análise psicológica dos elementos. As expressões das duas personagens – que não olham para o observador, mas ele, para a partitura e ela, para o tocador – não permitem qualquer possibilidade de uma penetração maior no seu mundo interior que não seja para captar o que as suas faces revelam: total placidez no sorriso suave. A cabeça da mulher apoiada nas costas da mão e o seu tom sereno demonstram a candura e a pureza de sentimentos acentuados com o som do alaúde tocado pelo seu enamorado trovador.

O tocador de alaúde de Hendrick Sorgh expressa, por meio da terceira dimensão, a ilusão de profundidade, criada pela pintura renascentista, buscando uma verossimilhança entre a obra e a realidade. O equilíbrio é a preocupação eminente nesse tipo de pintura, conseguido pela distribuição da luz e pela distribuição dos elementos que se tornam hierarquizados ao ocupar o espaço do quadro. O nosso olho é conduzido de maneira que apreenda a totalidade, a partir de um processo gradativo que tem a sua dominante temática ocupando o centro do quadro. Mas todas as formas se combinam harmonicamente, de maneira a não romper com o equilíbrio e a estaticidade da composição. A estabilidade que domina essa pintura, inclusive por não se utilizar da linha, elemento básico na criação do dinâmico, proporciona ao observador uma situação propícia à mera contemplação.

Interior holandês I (Figura 4.7), de Joan Miró, é uma das obras mais representativas na evolução do seu trabalho e significa o ponto

FIGURA 4.7 *Interior holandês I*, 1928, óleo sobre tela, Joan Miró, 91,8 x 73 cm.

FONTE: MUSEU DE ARTE MODERNA, NOVA YORK

de partida para uma série de rupturas que iriam se desenvolver na sua obra, distanciando-se, cada vez mais, do *estatismo* que dominou a pintura clássica a partir do Renascimento, para recuperar um tipo de expressão pictórica baseada no *dinamismo* vinculado a um outro *ritmo*, onde a *linha* passa a possuir um papel de destaque. De imediato, a pintura nos atrai, sem que saibamos onde está o ponto nevrálgico dessa atração. O que nos vem, num primeiro momento, é um conjunto de cores e formas dinamizadas e organizadas orquestralmente num espaço pictórico que parece extrapolar a sua emolduragem. Todos os elementos são dispostos na superfície da tela com intensidade e de maneira espontânea. Não existe, como no quadro de Hendrick Sorgh, uma hierarquia dos elementos. Não existe o motivo dominante a partir do qual os demais vão aparecendo. Cada elemento é dominante ao ocupar o seu próprio espaço, sem romper com a *harmonia* que integra o conjunto dos elementos. Note-se que não se trata mais daquela harmonia de *O tocador de alaúde*, conseguida pelo equilíbrio entre luz e sombra, pela passionalidade intensa, pela leveza sublime de um barco ao longe ou pelas expressões humanas ao ouvirem música. Trata-se, agora, da harmonia advinda da desarmonia, do equilíbrio advindo do desequilíbrio. Não consiste mais num equilíbrio e numa harmonia conseguidos pela hierarquização dos elementos no espaço e na luz. Consiste, sim, em harmonia e equilíbrio estéticos que se dão pela *linha* em *movimento*. O efeito é conseguido pela ruptura com a terceira dimensão, em busca de uma pintura de superfície.

Até mesmo o título do quadro já indica uma outra postura de Miró: *Interior holandês I* recupera paracriativamente *O tocador de alaúde* de Sorgh. Em certo sentido, *Interior holandês I* mantém a estrutura básica de *O tocador de alaúde*. Como vimos, naquele quadro formava-se uma linha diagonal do vértice esquerdo superior para o vértice direito inferior da tela, conduzida pela luz filtrada através de uma janela. Era essa linha luminosa que determinava os planos de observação das imagens constituintes do cenário de Sorgh. Essa estruturação básica em diagonal se mantém no quadro de Miró, porém o fio condutor já não é a luz que perpassa a janela, mas a movimentação da linha que vai conduzindo o contorno das formas para o vértice direito da tela.

TRANSIÇÃO E PERMANÊNCIA 159

Pode-se dizer que a pintura de Hendrick Maertensz Sorgh busca uma relação de verossimilhança com a realidade idealizada no século XVII, criando a ilusão de profundidade por meio da terceira dimensão. Já a obra de Joan Miró, não preocupada com uma verossimilhança imediata com a realidade, subverte os esquemas provenientes da terceira dimensão e promove relações no interior da sua pintura que estabelecem uma verossimilhança interna à base de uma tensão crítica permanente. Assim sendo, o imediatismo verossímil é substituído pela mediatização crítica onde se conflituam uma ética e uma estética na mesma superfície pictórica.

Em *Interior holandês I* as formas que se inter-relacionam sob o mesmo ritmo são permeadas pelo tom fantástico que lembra o Surrealismo, onde alguns elementos são, praticamente, irreconhecíveis. E a realidade é expressa, assim, como um painel alegórico cujos símbolos não são facilmente decifráveis. Porém não podemos considerar as figurações abstratas de Miró como surrealistas. João Cabral de Melo Neto (1952, p.36), ao considerar a situação no seu estudo sobre Miró, afirma que:

ele aceitou aquela proposição inicial do Surrealismo, mas transformou-a num outro sentido. Ele entendeu-a não como a introdução do subjetivo e do psicológico como assunto da pintura de seu tempo. O que ele aceitou foi a ideia de levar até o campo mais profundo do psicológico a busca de renovação formal a que a pintura se entrega há um século, com uma intensidade somente interrompida nos anos de ascendência dos pintores surrealistas.

Essa renovação formal pode ser muito bem compreendida no quadro ora analisado. O ponto de partida para o movimento diagonal anteriormente apontado é a enorme forma branca, atravessada pelo alaranjado do alaúde. Ela possui uma função importante no quadro, pois catalisa vários elementos que se referem ao tocador de alaúde, tema central do quadro de Sorgh. A sua cabeça (forma oval, vermelha na parte superior), a sua expressão facial, os seus olhos, a sua boca aberta ao cantar deixando aparecer os dentes, as suas rugas estilizadas do lado direito da face estão reunidos num ponto da grande forma branca. Os seus cabelos longos e ondulados, passando por trás da orelha, emergem de outro ponto da forma, assim como o seu bigode, que, no lugar da forma em que aparece, cria uma relação totalmente desproporcional e significativa. No alto da forma aparece o chapéu do tocador de alaúde. Do chapéu se estende uma pluma que está sendo bicada por um pássaro de rabo com forma circular. *Interior holandês I* é uma verdadeira metamorfose de *O tocador de alaúde*. As suas transformações formais se dão das mais variadas maneiras. Como podemos observar, a extensa forma branca apontada cria, na sua continuidade diagonal, um só desenho num único movimento a partir de uma série de elementos cuidadosamente colocados nos seus devidos lugares no quadro de Sorgh. Tomando todo o plano mais acentuado pela luz naquele quadro, Miró começa com a cabeça, o colarinho e o punho direito do tocador, passando pelo forro da toalha, continuando com a face, busto e punhos da mulher, e terminando nas dobras da clara toalha no vértice direito inferior. Esse enorme movimento branco não possui nenhuma relação com o ambiente exterior. Nota-se que os tons das cores utilizadas em todo o ambiente interior em nada diferem dos tons que determinam os elementos do espaço exterior. A firmeza dos traços nos contornos dos objetos destrói qualquer possibilidade de distribuição de luminosidade conseguida pela abertura da janela. Alguns elementos são acrescentados no quadro como se tivessem surgido espontaneamente, fazendo parte da movimentação sonora da composição. Entre eles, destacam-se a pluma e o pássaro, um morcego expressivo na parede verde, um cisne e um peixe colocados no azul da água, mas totalmente independentes. Tem-se, inclusive, a impressão de que o peixe nada para dentro da sala.

O cão e o gato, que aparecem no quadro de Sorgh, mantêm praticamente os seus respectivos lugares. Porém, nas proximidades do gato, um novelo de lã se desenrola em movimento ascendente. Deve-se notar algo bastante interessante nessa recriação de Miró: a perna e o pé direitos do cantador aparecem saindo do próprio alaúde e, à direita do quadro, aparece um esboço de pé, como se se tratasse do pé esquerdo do tocador. Em cada detalhe está uma ideia nova, por meio da qual um caráter irônico, que chega a ser anedótico, acentua-se. Entre outras transformações que ocorrem às vezes por alargamento, outras por diminuição ou achatamento dos objetos icônicos, nesse

TRANSIÇÃO E PERMANÊNCIA   161

detalhismo crítico de Miró ainda é possível apontar uma que possui
muito sentido nas relações semânticas do seu quadro. A fruteira que
repousava sobre a mesa da pintura de Sorgh, assim como o prato, são
transformados em duas formas circulares como dois obeliscos esféri-
cos que dão continuidade ao busto da mulher, que agora traz o coração exposto. Por outro lado, sobre o marrom correspondente ao piso
ladrilhado surge uma fruta com o talo e a folha verde muito viva justaposta a um objeto de corte (faca, talvez). A ligação entre a fruta e o
objeto se dá pela casca da fruta que seria retirada pela faca. Metafo-
ricamente, tem-se a imagem sugerida como se Joan Miró, com suas
figurações abstratas e dinâmicas, tivesse "virado a mesa" da pintura
clássica, recuperando toda uma outra visão da pintura, bastante con-
trária àquela da pintura renascentista mantida no século XVII.

   Interior holandês I significa, no processo evolutivo da pintura de
Miró, uma etapa de tomada de consciência a respeito de uma série
de normas estéticas estabelecidas por uma tradição clássica na história da pintura, que, ao longo de experiências inventivas constantes,
seriam paulatinamente rompidas por esse pintor. Nesse período de
1928, ainda existe em Miró uma necessidade de parodiar, ironizando
criticamente uma forma pictórica que muito claramente expres-
sava uma visão de mundo numa determinada época. A própria visão
de lirismo, altamente tematizada naquele período e mantida por
muito tempo em artistas posteriores a Hendrick Sorgh, é rompida
de maneira inventiva por Joan Miró. Basta que se perceba o coração
exposto da mulher, o pássaro tentando bicar a pluma, a própria pluma,
o cisne, o peixe adentrando a sala, a boca do cantor, para que se perceba a profunda ironia desse pintor com relação aos próprios valores
expressos em *O tocador de alaúde*. Basta que se olhe para a minúscula
cabeça da mulher fundida num só movimento com os elementos da
mesa, o forro branco e o caderno de música, para que se evidencie a
ironia ao ambiente doméstico enaltecido pela passividade calma dos
temas e das formas clássicas. Essa pintura crítica de Miró, essa pintura
de superfície, onde os elementos parecem se soltar no espaço, constitui-se de cores quase todas primárias, tons fortes e contrastantes. O
aspecto cromático tem grande importância na gramática de Miró e já
se manifesta em *Interior holandês I*, que ainda mantém certo respeito

162 TRANSIÇÃO E PERMANÊNCIA

com relação à emolduragem do quadro e à distribuição dos elementos; traços que seriam rompidos em pinturas posteriores. Passarei agora à investigação analítica do mesmo procedimento estético na composição poética de João Cabral de Melo Neto. Devem--se, contudo, considerar as diferenças entre as duas linguagens, respeitando as suas devidas peculiaridades. Trata-se de aspectos favoráveis ao universo pictórico, que trabalha com o ícone, e aspectos favoráveis ao universo verbal, que lida com a palavra, e vice-versa, que impossibilitam identidade no manuseio das formas de expressão entre os dois universos. De qualquer maneira, dada a proximidade de procedimentos, a partir de um podemos ter melhor compreensão do outro. Trata-se do poema "Ilustração para a 'Carta aos *puros*', de Vinicius de Moraes", contido na obra em estudo, *A educação pela pedra*. A composição consiste na recriação de um poema de Vinicius de Moraes, denominado "Carta aos 'puros'".

Da mesma maneira que dei o encaminhamento à análise comparativa das obras pictóricas de Hendrick Maertensz Sorgh e Joan Miró, procederei com os dois poetas, Vinicius de Moraes e João Cabral. Sendo assim, iniciarei pela apresentação do poema-base, sobre o qual serão tecidas algumas considerações fundamentais para a compreensão do segundo:

CARTA AOS "PUROS"

1 Ó vós, homens sem sol, que vos dizeis os Puros
2 E em cujos olhos queima um lento fogo frio
3 Vós de nervos de nylon e de músculos duros
4 Capazes de não rir durante anos a fio.

5 O vós, homens sem sal, em cujos corpos tensos
6 Corre um sangue incolor, da cor alva dos lírios
7 Vós que almejais na carne o estigma dos martírios
8 E desejais ser fuzilados sem o lenço.

9 Ó vós, homens iluminados a néon
10 Seres extraordinariamente rarefeitos

TRANSIÇÃO E PERMANÊNCIA

11 Vós que vos bem-amais e vos julgais perfeitos
12 E vos ciliciais à ideia do que é bom.

13 Ó vós, a quem os bons amam chamar de os Puros
14 E vos julgais os portadores da verdade
15 Quando nada mais sois, à luz da realidade,
16 Que os súcubos dos sentimentos mais escuros.

17 O vós que só viveis nos vórtices da morte
18 E vos enclausurais no instinto que vos ceva
19 Vós que vedes na luz o antônimo da treva
20 E acreditais que o amor é o túmulo do forte.

21 Ó vós que pedis pouco à vida que dá muito
22 E erigis a esperança em bandeira aguerrida
23 Sem saber que a esperança é um simples dom da vida
24 E tanto mais porque é um dom público e gratuito.

25 Ó vós que vos negais à escuridão dos bares
26 Onde o homem que ama oculta o seu segredo
27 Vós que viveis a mastigar os maxilares
28 E temeis a mulher e a noite, e dormis cedo.

29 Ó vós, os curiais; ó vós, os ressentidos
30 Que tudo equacionais em termos de conflito
31 E não sabeis pedir sem ter recurso ao grito
32 E não sabeis vencer se não houver vencidos.

33 Ó vós que vos comprais com a esmola feita aos pobres
34 Que vos dão Deus de graça em troca de alguns restos
35 E maiusculizais os sentimentos nobres
36 E gostais de dizer que sois homens honestos.

37 Ó vós, falsos Catões, chichisbéus de mulheres
38 Que só articulais para emitir conceitos
39 E pensais que o credor tem todos os direitos
40 E o pobre devedor tem todos os deveres.

164 TRANSIÇÃO E PERMANÊNCIA

41 Ó vós que desprezais a mulher e o poeta
42 Em nome de vossa vã sabedoria
43 Vós que tudo comeis mas viveis de dieta
44 E achais que o bem do alheio é a melhor iguaria.

45 Ó vós, homens da sigla; ó vós, homens da cifra
46 Falsos chimangos, calabares, sinecuros
47 Tende cuidado porque a Esfinge vos decifra...
48 E eis que é chegada a vez dos verdadeiros puros. (Moraes, 1976,
      p.312)

Considerando a sua estrutura, trata-se de um poema realizado sob os moldes clássicos, apesar de ter sido escrito entre 1957 e 1960. Constitui-se de 48 versos, distribuídos em doze estrofes, ocorrendo simetria quanto ao número de versos por estrofe. Os quartetos se compõem de versos alexandrinos cujas sílabas tônicas correspondem, exatamente, às sextas e 12as de cada verso. Isso favorece a regularidade da composição, que se mantém do primeiro ao último verso em perfeito equilíbrio métrico, respeitando, totalmente, a estrutura métrica tradicional. Em quase todo o texto existe coincidência entre a sexta sílaba tônica (última do primeiro hemistíquio) e a palavra mediadora do verso, provocando, assim, equilibrada distribuição do sentido que vai se desencadeando ao longo do poema. A harmonia rítmica e sonora da composição se completa com a disposição de rimas ricas e pobres que se organizam nos finais dos versos, ora respeitando o esquema *abab* (rimas alternadas), ora o esquema *abba* (rimas opostas e emparelhadas). São rimas perfeitas, dada a perfeita equivalência sonora das suas terminações. Logicamente respeitando a norma clássica na contagem de sílabas, todos os versos do poema se encerram com palavras paroxítonas, levando-nos a considerar a penúltima sílaba de cada vocábulo.

O título do poema, "Carta aos 'puros'", pela sua própria constituição, praticamente se autodecodifica, eliminando qualquer possibilidade de ampliação semântica a partir das imagens engendradas. Por um lado, o fato de a palavra "puros" vir destacada pelas aspas já revela o seu reverso, já indica imediatamente a anulação das semias desse signo, conduzindo o leitor à compreensão pretendida pelo destinador

TRANSIÇÃO E PERMANÊNCIA   165

da "carta", outro aspecto determinador daquilo que será transmitido. Nesse sentido, podemos dizer que não se trata de um "eu lírico" que expressa uma realidade por meio da linguagem simbólica, mas do poeta Vinicius de Moraes transmitindo uma mensagem em versos. O esvaziamento indicado pelo título é o mesmo que vai se manifestar durante todo o discurso. A palavra "discurso" pode ser aqui compreendida em dois sentidos: como manifestação do conteúdo textual (sentido linguístico) e como forma de oratória grandiloquente que busca no vocativo reiterado um efeito expressivo, que acaba provocando total esvaziamento semântico. É desnecessário enumerar os paralelismos sintáticos que constituem o texto, pois tornar-se-ia desgastante e estéril tal procedimento. Basta que se faça apenas uma leitura para que se perceba a existência de uma gradação sintática ou semântica do discurso. Todos os versos são formas de tradução da palavra-chave "puros", atualizada no título. Não podemos chamar de expansão semântica os desdobramentos que se realizam. Trata-se, na verdade, de um discurso redundante cujas imagens produzidas possuem valores semânticos análogos, se não similares, às outras. Devo confessar que li várias vezes "Carta aos 'puros'", não pela dificuldade que o texto devesse apresentar, mas por me esquecer, depois de cada leitura, de que tratava o conteúdo dos seus 48 versos. Tinha sempre a sensação de espanto diante de tal impasse: como pode um assunto de 48 versos ser quase totalmente esquecido após cinco leituras? Depois passei a compreender que o problema era simples: o substrato que me restava na memória poderia muito bem ser todo o poema. E o que, terrível, me ficava era um "resíduo", como diria o poeta,[2] que consistia no seguinte:

Ó vós, os puros,
a Esfinge vos decifra...

e daí passei a apreender melhor a transitividade dialética, no recurso intertextual de João Cabral de Melo Neto, ao criar a "Ilustração para a 'Carta aos *puros*' de Vinicius de Moraes", assim organizada:

---

2 Refiro-me ao poema "Resíduo", de Carlos Drummond de Andrade (1977).

166 TRANSIÇÃO E PERMANÊNCIA

```
 1   A uma se diz cal viva: a uma, morta;
 2   uma, de ação até o ponto de ativista,
 3   passa de pura a purista e daí passa
 4   a depurar (destruindo o que purifica).
 5   E uma, nada purista e só construtora,
 6   trabalha apagadamente e sem cronista:
 7   mais modesta que servente de pedreiro,
 8   aquém de salário mínimo, de nortista.

 9   Uma cal sai por aí tudo, vestindo tudo
10   com o algodãozinho alvo de sua camisa,
11   de uma camisa que, ao vestir de fresco,
12   veste de claro e de novo, e reperfila;
13   e nas vezes de vestir parede de adobe,
14   ou de taipa, de terra crua ou de argila,
15   essa cal lhe constrói um perfil afiado,
16   uma quina pura, quase de pedra cantaria.
17   Uma cal não sai: se referve em caeiras,
18   se apurando sem fim a corrosão e a ira,
19   o purismo e a intolerância inquisidora,
20   de beata e gramatical, somente punitiva;
21   se a deixassem sair, sairia roendo tudo
22   (de tudo, e até de coisas nem nascidas),
23   e no fim roídas as fichas e indicadores,
24   se roeria os dentes: enfim autopolícia. (Melo Neto, 1966, p.23-24)
```

Composto de 24 versos, trata-se de um díptico cuja primeira estrofe possui oito versos e dezesseis, a segunda. Deve-se notar que o poema possui exatamente a metade do número de versos do poema-base. Se se desmembrassem os seus blocos estróficos, poder-se-ia formar doze estrofes de quatro versos. Certas equivalências enviesadas revelam uma possível intenção de João Cabral ao escolher "Carta aos 'puros'" para "ilustrar": os 48 versos que o constituem coincidem com o número de poemas de *A educação pela pedra*; doze estrofes coincidem com o número de poemas por parte; quatro versos por estrofe coincidem com o número de partes da obra. Essas equivalências, dado o seu caráter, revelam subversão e conservação ao mesmo tempo no poema de Cabral.

TRANSIÇÃO E PERMANÊNCIA

A "Ilustração" atua como Esfinge que decifra e devora o seu ameaçador. Logo no primeiro verso, com uma metáfora reativa, o discurso parece responder ao outro discurso, de forma lacônica, porém dialética. Com uma dupla denominação para o elemento nuclear do texto, "cal", cria-se uma ambiguidade que só será mais bem explicitada no desenvolvimento do discurso. Essa ambiguidade é percebida primeiramente pelo emprego reiterado do indefinido "uma" antes da primeira e da segunda denominações, "viva" e "morta", quando se esperava o emprego de "outra" antes da segunda denominação. "Uma" e "uma" indiciam referência a uma única coisa, mas o poema está dizendo de duas coisas e, como se sabe, existem dois tipos de cal: a viva, ou virgem, e a morta, extinta ou queimada. Mas a pontuação do primeiro verso explicita, em parte, o teor dessa ambiguidade e confirma a importância dela na linha condutora do poema. Depois da primeira denominação, "cal viva", são colocados dois-pontos. Esse sinal, precedendo a segunda denominação, indica um possível aposto qualificativo que corresponderia a "uma morta". Desse modo, já o primeiro verso prenuncia um aspecto semântico que só se anunciará na segunda estrofe. Por outro lado, entre "a uma" e "morta" colocou-se uma vírgula que pode corresponder à elipse do verbo "se diz" e, assim compreendido, deixa de valer a primeira proposta para compreendermos "uma" e "uma" como "uma" e "outra", referentes aos dois tipos de cal que se opõem e se cruzam no desenvolvimento do poema.

O verbo "dizer" empregado na forma impessoal contraria a forma purista do primeiro poema, que mantém a segunda pessoa do plural em todo o texto concorde com o pronome "vós", a quem se dirige. A impessoalidade indicada pelo pronome "se" rompe com o direcionamento evocativo de "Carta aos 'puros'", criando uma ambivalência de linguagem que se volta para si mesma, deixando de lado a referencialidade externa ao texto. Dir-se-ia que, em lugar da função conativa do texto-base, tem-se agora a função poética integrada à metalinguística (Jakobson, 1969b, p.126). Como já foi dito, o elemento nuclear das relações semânticas do poema é a metáfora cal. Fui levado a consultar os manuais de Química Geral para compreender melhor, a partir da sua referencialidade científica, as dimensões simbólicas que o signo "cal" passa a possuir no poema. Sobre cal viva, encontra-se:

168 TRANSIÇÃO E PERMANÊNCIA

Substância química cujo nome científico é óxido de cálcio, que corresponde à fórmula CaO – o nome *cal* possui origem latina com sentido de resíduo metálico. Trata-se de um elemento *instável* e de *forte poder reativo*. Quando colocado em reação com outras substâncias, apesar da sua *intensa energia* contida, *perde calor para o ambiente*, passa por um *processo de diluição* daquela energia contida para *corroer, extinguir* o novo elemento com o qual se inteirou. (Pauling, 1967, p.141-142)

Essas caracterizações correspondem perfeitamente a todas as referências feitas no poema, de maneira simbólica, à metáfora "cal viva". Na primeira estrofe, correspondem aos versos de números 1, 2, 3 e 4. Da sua energia absoluta, a "cal" metafórica assume uma *ação* progressiva, atingindo o *ponto de ativista*. A ironia das duas expressões revela o caráter falso dessa substância, que, do espaço simbólico do texto, nos remete imediatamente à forma e ao conteúdo do poema de Vinicius de Moraes. Essa relação se acentua nos versos seguintes, a partir do momento em que uma gradação semântica regressiva vai sendo composta: de *pura* inicial, a cal facilmente reativa e diluidora passa a ser *purista*. Esse signo já encerra um valor pejorativo de caráter moralista que se distancia do sentido construtivo do que é, na verdade, puro. O purista valoriza muito a aparência das coisas em detrimento da essência. E na gradação que se desenvolve o *purista* passa a *depurar*, o que significa excluir, extinguir, segregar.

O prosseguimento dessa gradação destruidora se dá na segunda parte do segundo bloco estrófico, nos seguintes versos:

17 Uma cal não sai: se referve em caeiras,
18 se apurando sem fim a corrosão e a ira,
19 o purismo e a intolerância inquisidora,
20 de beata e gramatical, somente punitiva;
21 se a deixassem sair, sairia roendo tudo
22 (de tudo, e até de coisas nem nascidas),
23 e no fim roídas as fichas e indicadores,
24 se roeria os dentes: enfim autopolícia.

TRANSIÇÃO E PERMANÊNCIA

Apesar de se tratar de "cal viva", nessa segunda estrofe o poeta parece "ajustar" aquele sentido possível do primeiro verso do poema, colocando no espaço semântico de morta as referências simbólicas da "cal viva". Não só ocupa o espaço, mas vai transmitindo uma sequência de semias destrutivas, mortíferas, corrosivas. E essas semias podem ser perfeitamente compatíveis com os aspectos estruturais, estilísticos e temáticos de "Carta aos 'puros'", conjugados todos a uma visão de Poesia.

Tentarei traçar um correlato entre as imagens dos versos anteriormente transcritos com elementos presentes no poema de Vinicius. Tratar-se-á de dupla interpretação, que julgo lícita, mas também arriscada.

De depurador que destrói o que purifica, "Carta aos 'puros'" parte da postura moral que parece colocar o poeta num plano superior e, desse plano, parte para um julgamento com uma série de qualificações depressivas dos "homens" a quem se refere. O próprio tom do poema em tratamento de segunda pessoa do plural e vocativo "vós" revela uma postura valorativa que se acentua pela grande adjetivação que domina todo o texto. O caráter redundante, por meio de desdobramentos semânticos de valor negativo, provoca o esvaziamento já discutido anteriormente, impossibilitando uma transitividade do poema para fora de si mesmo: "Uma cal não sai: se referve em caeiras,/ se apurando sem fim a corrosão e a ira". Daí aquele meu esquecimento do que há, restando apenas resíduos. O poema de Vinicius é um poema de efeito, indicado para as declamações de salão. A sua expressão é passageira, de comoção emocional. A sua linha de conduta temática e estética é unidimensional. O texto, de perfeito equilíbrio formal segundo os moldes da métrica e do ritmo, apresenta também equilíbrio semântico sem assumir, em nenhum momento, uma dimensão dialética. Em termos de relações oponentes, o poema apenas se vale de antíteses diluídas que se decodificam na sua própria construção. ("O purismo e a intolerância inquisidora,/ de beata e gramatical, somente punitiva.") "Carta aos 'puros'", como já foi analisado, se explica desde o título, destruindo no leitor uma possibilidade de penetração no campo da linguagem e se destruindo enquanto espaço capaz de sugestões semânticas e questionamentos de uma realidade humana

170 TRANSIÇÃO E PERMANÊNCIA

e conflitante. O poema assume postura absoluta, querendo trilhar pelo plano do relativo ao apontar no último verso o possível reverso do Homem "puro". Parece haver uma contradição inerente ao texto de Vinicius. Ela estaria situada numa intenção de crítica ou de questionamento dos homens e de uma postura criticável daquele que a expressa. E isso se dá de maneira veemente em que o *dizer* em versos marcados rigorosamente pela métrica ocupa o lugar de uma verdadeira criação em que o *fazer*, minado por uma visão crítica do mundo, acaba por dizer muitas coisas. Nesse sentido, o poema "Carta aos 'puros'" passa a ser suicida: "se a deixassem sair, sairia roendo tudo/ (de tudo, e até de coisas nem nascidas),/ e no fim roídas as fichas e indicadores,/ se roeria os dentes: enfim autopolícia".

Retomando a primeira estrofe do poema, passarei agora a verificar a contraparte semântica desse discurso. Trata-se de imagens referentes à "cal morta" que, na verdade, indicam uma "ação viva" nas relações metafóricas expressas pela "Ilustração". Simetricamente distribuídos (doze se referem à "cal viva" e doze à "cal morta"), os versos referentes à "cal morta" ocupam a região central do discurso (quatro versos finais da primeira estrofe e oito iniciais da segunda). Como fiz no primeiro caso, farei com o segundo. Segundo os conceitos de Linus Pauling (ibidem, p.141-142), referindo-se a essa cal,

trata-se de um pó branco (depois de moído) advindo de estruturas liminares e, misturado com água e areia, forma o cimento; esse endurece pela formação de hidróxido de cálcio. Como resultado, os grãos de areia se mantêm unidos uns aos outros. Exposto ao ar, o cimento torna-se cada vez mais firme devido à absorção de gás carbônico e formação de carbonato de cálcio. Sua fórmula química é $Ca(OH)_2$.

Como se poderá notar, a mesma correspondência semântica apontada entre "cal viva" da Química com a metaforização do poema também ocorre com a "cal morta". Depois de "queimar" a sua energia corrosiva, a cal extinta ou morta assume outro tipo de ação. Torna-se "nada purista" e, revertendo a uma visão de Poesia, revela a própria postura do poema em questão, assim como de todos os poemas de *A educação pela pedra*, que subvertem as normas clássicas em favor de

TRANSIÇÃO E PERMANÊNCIA

um estilo que busca nas próprias tensões da linguagem uma forma de apreender as tensões da realidade. Se se atentar para o esquema métrico da primeira estrofe, notar-se-á que o número de sílabas por verso tende ao alexandrino, porém de maneira irregular. O esquema convencional de rimas desaparece, cedendo lugar a versos brancos e rimas disfônicas e irregulares no final e no meio dos versos, sugerindo uma ironia com relação ao poema-base: ativista, purista, cronista, nortista. Os substantivos e adjetivos adquirem consistência compacta sem nenhum teor encantatório, tornando-se antideclamatório. Os elementos de sentido tornam-se indissolúveis da própria forma que os expressa. O processo de *fazer* adquire uma dimensão bastante ampla, contraindo para o processo de criação um compromisso com a realidade. O poema não diz uma concepção sobre "os homens", mas constrói um espaço de relações onde uma postura moral e falsamente poética não tem lugar: "E uma, nada purista e só construtora,/ trabalha apagadamente e sem cronista:/ mais modesta que servente de pedreiro,/ aquém de salário mínimo, de nortista". Num só flagrante, o poeta capta a condição da Poesia e a condição do Homem por meio de um símile. O caráter construtor se bifurca e se une numa mesma imagem. O anonimato do trabalhador, expresso pelo "apagadamente", reporta-se ao mesmo tempo à condição da poesia sem encantamentos emotivos, mas construtora de instrumentais imagéticos capazes de apontar possibilidades de transformação. E os oito versos iniciais da segunda estrofe corroboram a ação prenunciada no verso número 5 da primeira. Trata-se de uma ação construtora que se expande em todos os sentidos: "sai por aí tudo", "veste tudo", "veste de fresco", "veste de claro", "veste de novo", "reperfila" e constrói "perfil afiado" nas paredes de "quina pura", "quase de pedra cantaria". O caráter compacto, "terra a terra", sem purismos, jamais ativista, revela construtivismo de efeito claro e novo de uma poesia lúcida arquitetada sob a luz solar e feita de pedra quadrangular.

Afastando-se cada vez mais daquela conceituação clássica de beleza, onde a depuração da realidade eleva ao sublime a obra de arte, João Cabral e Joan Miró fazem do espaço de superfície do papel em branco ou da tela o "receptáculo do dinâmico". Esse dinamismo deve ser compreendido não apenas no sentido de um *ritmo* novo que vai gradativamente se acentuando nas duas linguagens, mas num sentido efetivo de mobilidade do nosso pensamento que vai descobrindo o inédito que pulsa e que exige de nós uma revisão do espírito. Chamo de revisão do espírito uma conjunção inteligível e sensível do nosso pensamento ao encarar a realidade que nos envolve, seja essa realidade fundada em idiossincrasias, seja fundada numa dimensão social mais ampla. Nesse sentido, pode-se dizer de uma *pintura de superfície* em Joan Miró e de uma *poesia de superfície* em João Cabral. Ambos nos impossibilitam de nos valer da memória como forma de preencher e realimentar as nossas convenções a partir da visualização do primeiro traço ou da primeira imagem criada. Em ambos os casos existe uma necessidade de muita atenção a cada passo do processo inventivo, provocando em nós uma incessante *transição* ao próximo ponto e ao mesmo tempo *permanência* ininterrupta em cada ponto descoberto. Trata-se de uma luta constante contra o *estatismo* que na maioria das vezes atua como associações de ideias plasmadas nas convenções. *Ver com os olhos livres* de tudo aquilo que limita a nossa consciência e as nossas possibilidades de evolução na linha de existência. E nesse sentido parece estar o ponto central da intersecção entre a linguagem pictórica e a linguagem poética de Miró e Cabral: a maneira de compreender a função do seu próprio trabalho. Nas palavras de Jacques Dupin (1961), "a criação, para Miró, é a reformulação da unidade original. A invenção é a repossessão de um estado primitivo, perdido". Para Cabral (1961, p.30), segundo ele mesmo, "a criação equivale à invenção e não à descoberta. É equivalente a uma invenção permanente". Essa concepção de arte como repossessão de um estado primitivo, perdido, é buscada na evolução dos dois artistas a partir de um livrar-se paulatino das leis clássicas de composição, sem jamais fazer da solução encontrada uma maneira fixa, que se transforme em novas leis.

Se observássemos o andamento cronológico da pintura de Miró, esse aspecto se faria perceber claramente. Em certos momentos, como entre os anos de 1939 e 1942, o pintor chegou a se tornar muito extremado nas rupturas, levando a sua arte a um detalhismo e um abstracionismo exageradamente acentuado. Mas mesmo essas fases, lucidamente percebidas por ele, serviam como ponto de partida para uma evolução que seria notada na fase seguinte. Jamais o pintor

TRANSIÇÃO E PERMANÊNCIA · 173

se permitiu uma estagnação em formalismos abstratos. Quanto ao poeta, apesar de não se propor este estudo à consideração de toda a sua obra, devemos ter consciência de que *A educação pela pedra* é o resultado de uma luta incessante que se iniciou em 1942 e veio se travando durante 25 anos em busca de uma coesão maior entre as rupturas formais conseguidas pela poesia moderna e uma dimensão mais profunda da captação de uma realidade que atua como matéria-prima da Poesia. Sabendo do risco de cair no desmoronamento do seu trabalho criador se se mantivesse num plano de experimentalismo formal, essa poesia procurou encontrar a devida equivalência entre construção e comunicação.

Joan Miró/João Cabral: composições emparelhadas

Resta agora tratar do aspecto criativo que me conduziu à aproximação analógica entre João Cabral de Melo Neto e Joan Miró: são as composições emparelhadas que chegam às vezes a trazer o mesmo título. Os críticos, seja do poeta, seja do pintor, chegam a descrever tal processo, mas não o elevam a um grau de reflexão maior, na tentativa de apreender a sua natureza. Sei que não constitui originalidade o tratamento do mesmo tema em obras diferentes ao longo da história da Literatura e da Arte. Mesmo o Barroco foi mestre em reproduzir obras dessa natureza. Mas o que me parece merecedor de reflexão é o caráter que esse processo de recomposição ou composição emparelhada assume nas produções de João Cabral e de Joan Miró. Tal mecanismo estético sempre esteve presente nas várias etapas da produção do pintor, e entre essas várias etapas escolhi a que se refere à década de 1960 como exemplário para as minhas considerações. Não só se trata de um momento importante da sua obra, como também corresponde ao período em que *A educação pela pedra* foi escrita. E, para dois processos de evolução artística tão análogos, nada melhor que apreendermos experiências altamente significativas e também análogas no ponto alto das suas realizações estéticas.

Segundo Margit Rowell (1972), depois daquele período entre 1955 e 1959, em que Miró desenvolveu pouco trabalho pictórico,

174 TRANSIÇÃO E PERMANÊNCIA

dedicando-se à cerâmica e à litografia, ele passou bom tempo em Paris e acompanhou de perto uma série de revoluções no campo da pintura. Essas revoluções se baseavam numa imagem do mundo bastante obscura, caracterizada pelas crises sociopolíticas, não só na França, mas em todo o Ocidente. Já não cabia o desenvolvimento de uma arte pictórica baseada na abstração geométrica. Já não se podia manter, mesmo que numa dimensão de vanguarda, o equilíbrio e a harmonia no espaço do quadro. Acentuava-se a importância dada à espontaneidade do espírito, capaz de apreender essa expressão do mundo contemporâneo. Os artistas passam a se valer de materiais naturais e grosseiros, em busca de uma "não forma" e de autenticidade por parte do criador. Miró sentiu-se influenciado pelas novas tendências, somando-se a elas outras que recebeu dos artistas americanos após duas viagens realizadas aos Estados Unidos. A maneira como o pintor catalão reagiu diante de tais influências veio dar à sua obra mais um forte impulso a novas experiências a partir das soluções que já vinha conseguindo desde o início da sua movimentada trajetória. Essa revolução da arte contra os propósitos harmônicos e equilibrados, que foi sempre a preocupação de Miró, faz que novas rupturas e novas dimensões apareçam nos quadros que pintou naquela década. O trabalho do espaço, a espessura física das imagens, os movimentos impulsivos e imediatos são alguns dentre os aspectos da sua arte. Quanto às figurações, tornam-se mais simples e mais espontâneas. As formas irrompem como que ao acaso na totalidade da tela, às vezes surgindo de uma das faces do contorno emoldurado, dando-nos a impressão de ponto fora da moldura como procedência da imagem. No mesmo período, o pintor assume três linhas de trabalho. A primeira consiste em pinturas de murais nos quais ele pretende pintar para todos os homens, sem exceção, sem distinção. As outras duas, cujas obras são produzidas alternadamente, dividem-se em *ciclo cósmico* e *ciclo antropomórfico*, que revelam o dualismo inerente à condição humana. O *ciclo cósmico* se constitui de obras aparentemente muito abstratas, e cujos símbolos enigmáticos parecem ter perdido qualquer conexão com a realidade concreta, expressando fluidos gestuais, tochas energéticas. Essas obras já se realizam pelo processo de multiplicação, às vezes se alterando apenas as cores, que aparecem invertidas de um para outro quadro.

TRANSIÇÃO E PERMANÊNCIA

Já o *ciclo antropomórfico* se constitui de obras mais próximas do repertório de símbolos míticos que já havia caracterizado o temário da sua pintura em fases anteriores. Voltando-se para o primitivismo impulsivo, as imagens são familiares e remetem à história artística de Miró. Os títulos das obras giram em torno das mesmas palavras: *Mulher e pássaro na noite* (1967), *Pássaro aprisionado por uma personagem* (1963), *Personagem e pássaro de asas soltas* (1963). Não só os títulos, mas os elementos figurativos são muito parecidos, alterando apenas os traços e as relações entre eles. As composições emparelhadas, que, no caso do pintor, possuem inclusive o mesmo título, são *Personagem e pássaros* (direito) (Figura 4.8), *Personagem e pássaros* (reverso) (Figura 4.9) e *Personagem e pássaro* (Figura 4.10).

Como se pode notar, não se trata apenas de variações sobre o mesmo tema, mas de expressões completamente individuadas nas suas respectivas manifestações. Em todas elas, as imagens são esquematizadas e extremamente elementares. As relações primárias correspondentes aos títulos (personagem/pássaros nas figuras 4.8 e 4.9 e personagem/pássaro na Figura 4.10) tornam-se abstratas e fundidas numa só complexidade de movimentos. Com relação aos dois primeiros quadros (figuras 4.8 e 4.9), temos, numa primeira instância, a impressão de se tratar apenas de inversões de imagens. Logo depois começamos a perceber duas realidades completamente distintas sobre as quais a nossa atenção se concentra. Quanto ao terceiro (Figura 4.10), não acontece o mesmo fenômeno. Existem aspectos *mais* visivelmente diferenciados que o fazem se distinguir dos dois primeiros. Os traços mais compactos e circulares numa distribuição cromática bastante marcante conferem à composição a sua caracterização própria. Mas as três composições nos atraem para a sua estrutura sincrética e pela imediata expressão dos movimentos gestuais. A decodificação de possíveis imagens torna-se secundária. O que passa a importar muito mais é a substância expressada pelos elementos estilizados. *Personagem e pássaros* (direito) e *Personagem e pássaros* (reverso) se realizam com apenas três cores: o *negro*, que passa a ser dominante nos dois quadros, o *cinza*, responsável pelo fundo da superfície, e o *branco*, que se faz notar sob o fundo cinza. Essas cores, da maneira como se organizam no espaço, criam uma atmosfera

FIGURA 4.8   *Personagem e pássaros* (direito), Joan Miró, 1962.

FONTE: COLEÇÃO PARTICULAR

FIGURA 4.9   *Personagem e pássaros* (reverso), Joan Miró, 1962.

FONTE: COLEÇÃO PARTICULAR

FIGURA 4.10 *Personagem e pássaro*, Joan Miró, 1965.

FONTE: COLEÇÃO PARTICULAR

de antigas inscrições. A partir de elementos tão próximos (pássaro/personagem), Miró consegue conjugar o primado do espírito aéreo (pássaro) e da dimensão terrena (homem), numa vivacidade presente que revela um caráter mítico e primitivo. Essas composições emparelhadas nos conduzem por caminhos distintos, dadas as diferenças de relações dinâmicas que suscitam. O nosso olho é obrigado a ver, por vez, cada composição em perspectivas diferentes. O primeiro quadro não nos auxilia, por associação, a ver o segundo, apesar do mesmo título e de uma impressão primeira de certa identidade das imagens. Os contornos se misturam com a força dos signos caligráficos, que expressam amplitude, consistência e dinamismo.

Interessante notar que o terceiro quadro mostra uma amplitude que se restringe se comparada aos dois primeiros. A densidade, a espessura do quadro, por outro lado, é maior. A sensação de agressividade salta aos nossos olhos. As cores e as formas passam a assumir papel relevante na composição. Integram-se de forma indissolúvel, gerando um painel único de expressão marcante e agressiva. Já não se consegue detectar a identidade dos elementos. O preto ressalta nas linhas grossas que assumem contornos disfóricos e pesados. O fundo multicolorido parte do ocre como tom básico, lembrando-nos a cor da terra; porém, as demais cores, como o vermelho, o verde, o azul e o amarelo, vivem os seus tons primitivos numa relação contrastante e tensa. A figura maior que domina a tela é preenchida de negro e vermelho, parecendo corresponder a um esboço de expressão na parte superior que exprime uma espécie de horror. Parece que esse terceiro quadro de Miró, ao integrar um elemento do ar (pássaro) ao ser humano (terra), rompe com uma ideia de beleza que o artista muitas vezes expressou nos seus quadros ao tentar reunir a realidade humana com a realidade natural. O fatalismo e o senso trágico dominam a última das três composições que tomamos como exemplo nesse estudo analógico. Os mesmos elementos da realidade (pássaro/homem), coordenados de maneira distinta, por movimentos nos conduzem a relações novas.

Personagem e pássaros: um campo de possibilidades. Lembro-me aqui dos dizeres do poeta ao se referir a essas novas possibilidades que Miró nos propõe:

TRANSIÇÃO E PERMANÊNCIA 179

Eles parecem recomeçar a cada momento um novo caminho. Parecem burlar-se dos vossos olhos automatizados, parecem interessados em livrar-se do caminho fatal que o vosso olho automatizado, ou a vossa mão automatizada de pintor, deseja para eles, ao qual deseja condená-los. [...] Através dessa luta entre o vosso costume e a sua surpresa essencial, de cada milímetro essas linhas se apoderam da vossa atenção. Elas sujeitam a vossa atenção, acostumada a querer adivinhar as linhas, e a mantêm presa através de uma série ininterrupta de pequenas e mínimas surpresas. Aqui, a vossa memória não ajuda a vossa contemplação, permitindo-vos adivinhar uma linha da qual apenas percebestes um primeiro movimento. Aqui não podeis adivinhar, isto é: dispensar nada. O percurso tem que ser feito e isso só pode realizar-se dinamicamente. (Melo Neto, 1952, p.24-25)

João Cabral se referia a obras de fases anteriores ao *ciclo antropomórfico* de Joan Miró. Quanto à correspondência cronológica da sua produção, o poeta concluiu no mesmo ano de 1950 *O cão sem plumas*, um dos momentos mais representativos da sua trajetória poética e, em nível conceitual, já percebia, com incrível lucidez, aquilo que ambos realizavam e que levaria a pontos bem mais elevados das suas criações artísticas. Digo *ambos* porque, ao falar de Miró, João Cabral fala, em verdade, da sua realização estética. E esses pontos elevados em Miró correspondem à sua criação da década de 1960, na qual acrescenta ao *ciclo cósmico* e ao *ciclo antropomórfico* uma série denominada *Poesias*. Em Cabral, correspondem à criação de *A educação pela pedra*, concluída em 1965. Essa obra, como foi dito no primeiro capítulo deste trabalho, realiza-se sob o processo gerador, a partir de módulos poéticos que valem como unidade de qualquer medida. Cada poema conjuga em si todos e nenhum poema. E cada linha de verso, cada movimento sintático, assim como cada acento de sílaba, parece *burlar-se* dos nossos pensamentos, que esperam compreender adivinhando as relações internas de cada composição. Mas também aqui a nossa memória nos ajuda em quase nada, antes de termos completado atentamente cada percurso. Esse tipo de composição proíbe a fluência de leitura, obstruindo-a com uma série de desvios. Como está explícito no último verso do poema "Catar feijão": "açula a atenção, isca-a com

180 TRANSIÇÃO E PERMANÊNCIA

o risco" (idem, 1966, p.222). E é com esse tipo de procedimento que os poemas vão gerando poemas nessa ininterrupta circularidade sem fim nem princípio. As composições se aproximam naquilo que possuem em comum enquanto resultado de um mesmo tipo de procedimento estético, podendo, inclusive, agrupar-se pelo tipo de comportamento estilístico e temático. É nesse prisma que a obra atinge o limite extremo dessa aproximação, ao se valer do processo das composições emparelhadas[3] que se realizam em vários níveis de relações. Catorze dentre elas apresentam apenas pequenas alterações de palavras e permutações de versos e de blocos estróficos. Outras já apresentam variações maiores, mantendo apenas a mesma linha temática ou o mesmo motivo, que vai encontrar, no espaço do discurso, outras relações de sentido. São pares de poemas dentre os quais podem-se destacar: "O mar e o canavial"/"O canavial e o mar"; "A urbanização do regaço"/"O regaço urbanizado"; "Uma mineira em Brasília"/"Mesma mineira em Brasília". Alguns possuem identidade de título com variações mínimas na composição dos versos, como é o caso de "The Country of the Houyhnhnms"/"The Country of the Houyhnhnms (outra composição)", transcritos a seguir.

THE COUNTRY OF THE HOUYHNHNMS

Para falar dos *Yahoos*, se necessita
que as palavras funcionem de pedra:
se pronunciadas, que se pronunciem
com a boca para pronunciar pedras.
E que a frase se arme do perfurante
que têm no Pajeú as facas-de-ponta:
faca sem dois gumes e contudo ambígua,
por não se ver onde nela não é ponta.

---

3 Benedito Nunes analisa alguns aspectos de tal procedimento em "A lógica da composição", em *João Cabral de Melo Neto* (1974a).

2

Ou para quando falarem dos *Yahoos*:
furtar-se a ouvir falar, no mínimo;
ou ouvir no silêncio todo em pontas
do cacto espinhento, bem agrestino;
aviar e ativar, debaixo do silêncio,
o cacto que dorme em qualquer *não*;
avivar no silêncio os cem espinhos
com que pode despertar o cacto *não*.
Ou para quando falarem dos *Yahoos*:
não querer ouvir falar, pelo menos;
ou ouvir, mas engatilhando o sorriso,
para dispará-lo, a qualquer momento;
ouvir os planos-afinal para os *Yahoos*
com um sorriso na boca, engatilhado:
na boca que não pode balas, mas pode
um sorriso de zombaria, tiro claro.

THE COUNTRY OF THE HOUYHNHNMS
(OUTRA COMPOSIÇÃO)

Para falar dos *Yahoos*, se necessita
que as palavras funcionem de pedra:
se pronunciadas, que se pronunciem
com a boca para pronunciar pedras;
se escritas, que se escrevam em duro
na página dura de um muro de pedra;
e, mais que pronunciadas ou escritas,
que se atirem, como se atiram pedras.
Para falar dos *Yahoos*, se necessita
que as palavras se rearmem de gume,
como numa sátira; ou como na ironia,
se armem ambiguamente de dois gumes;
e que a frase se arme do perfurante
que têm no Pajeú as facas-de-ponta:
faca sem dois gumes e contudo ambígua,
por não se ver onde nela não é ponta.

2

Ou para quando falarem dos *Yahoos*:
não querer ouvir falar, pelo menos;
ou ouvir, mas engatilhando o sorriso,
para dispará-lo, a qualquer momento.
Aviar e ativar, debaixo do silêncio,
o cacto que dorme em qualquer *não*;
avivar no silêncio os cem espinhos
com que pode despertar o cacto *não*. (ibidem, p.231)

O segundo título indicia o fato de se tratar de composições independentes ao exibir entre parênteses "outra composição". A própria ordenação das composições na obra passa a possuir um significado especial. Mesmo que se tratasse de composições idênticas sob todos os traços linguísticos e estruturais, seriam composições *novas*, porque é *novo* o momento da leitura. E a solução que se dá entre o fruidor e a composição não significa uma solução permanente. Se a avaliação do processo criador tem de ser permanente, o mesmo deve acontecer com o processo de leitura da obra criada. É nesse sentido que compreendo essas composições tão parecidas e tão diferentes de João Cabral: como aquele *Dom Quixote* reescrito por Pierre Menard (Borges, 1976), que mesmo nada alterando tudo altera, porque já se faz *ser* num *novo* tempo.

"Viver vale suicidar-se, todo o tempo" (Melo Neto, 1966, p.233). Esse verso traduz a *transição* e a *permanência* de João Cabral e de Joan Miró na trajetória instável e difícil das suas criações. Com avanços e recuos, em ininterrupto despertar, eles vêm conseguindo apreender de forma arguta as intempéries do nosso tempo. Nas suas composições, pulsam o *vivo* e o *novo* que se mantêm alertados para a captação do próximo desvio.

Em tempo: "*Peinture ou poésie se font comme on fait l'amour; un échange de sang, une étreinte totale, sans aucune prudence, sans nulle protection*" (Rowell, 1972, p.218).

FIGURA 4.11 *Le corps de ma brune...*, 1925, óleo sobre tela, Joan Miró, 130 x 96 cm.

FONTE: COLEÇÃO PARTICULAR

Entre a mobilidade e o enigma

A questão da homologia estrutural entre as artes e, especificamente, entre a poesia e a pintura é uma questão estética bastante acentuada no século XX, independentemente de a intenção de um artista buscar ou não suas bases nos procedimentos criativos do outro. Entretanto, no caso de João Cabral e Joan Miró, o grau de consciência do poeta em relação aos procedimentos do pintor é grande e, dentro do sincretismo que compõe o sistema de sua poesia, o trabalho de Miró exerceu função especial.

O modo como esse pintor procedeu em todo o seu programa estético evidenciou a manifestação de certas questões, as mais importantes a meu ver, sobre o papel da arte e sua relação com a realidade; realidade que passa a ser problematizada em cada quadro. Isso se dá mediante a construção cada vez mais rigorosa de um sistema de signos mobilizador das cristalizadas concepções de referente. Em Miró, a extração da Beleza equivale à integração ao enigma. O palco móvel do espaço de suas telas coloca em cena dois personagens essenciais: as ressonâncias iconográficas do mundo e a materialização do que se costuma chamar de abstrato. Nessa condição ENTRE de sua arte reside sua originalidade no tratamento da linguagem pictórica e a força orgânica dessa linguagem na relação com o receptor: ela

186 TRANSIÇÃO E PERMANÊNCIA

o envolve, impondo-lhe compromissos de desautomatização. Estes também são impostos ao leitor de *A educação pela pedra*. Não é possível "viajar pela poesia" sem ultrapassar os obstáculos da linguagem. E esse trânsito se realiza pela permanente recusa, pois é todo obstáculos. Por isso o trabalho crítico se dá em campo blindado ou, lembrando Maurice Blanchot, ele se dá "dentro da noite, na noite". Parece até ironia termos lidado com tanta luz, principalmente nos sóis de João Cabral, mas, como vimos, tratou-se sempre de sóis do avesso, revestidos de marrom.

Ao acionar alguns botões daquela máquina de signos, várias questões emergiram, pedindo para ser discutidas. São aspectos importantes que ultrapassam a esfera da poética de João Cabral e mesmo da "poética" de Joan Miró e atingem uma esfera maior das relações entre as artes, bem como da sua recepção. Dessa forma, só é possível concluir este estudo principiando uma discussão dividida em duas vertentes: a primeira, sobre as propriedades fundamentais do signo verbal e do signo icônico; a segunda, sobre a relação entre obra de arte e receptor.

O símbolo e o ícone: duas setas para o mesmo alvo

É evidente que não pretendo aqui cumprir nenhum novo fundamento teórico, mas apenas articular alguns elementos de investigações ocorridas no nosso século, num período em que as ciências da linguagem estão em franco desenvolvimento.

> Cada vez que se compreende melhor que o conteúdo da consciência individual é dado, até à sua maior profundidade, pelos conteúdos da consciência coletiva, mais se tornam importantes os problemas do signo e da significação, visto que um conteúdo psíquico que ultrapassa os limites da consciência individual adquire, pelo simples fato da sua comunicabilidade, o caráter de signo. (Mukarovsky, 1964, p.11)

Nessa mesma linha de considerações posiciona-se Mikhail Bakhtin. Ao se opor à filosofia idealista e à visão psicologista da

ENTRE A MOBILIDADE E O ENIGMA 187

cultura, que afirmam ser a ideologia um fato da consciência e que o aspecto exterior do signo é simplesmente um revestimento, assim ele se manifesta: "A própria compreensão não pode manifestar-se senão através de um material semiótico (por exemplo, um discurso interior), que o signo se opõe ao signo, que a própria consciência só pode surgir e se afirmar como realidade, mediante encarnação material em signos" (Bakhtin, 1979a, p.19). Os aspectos da "comunicabilidade" apontados por Jan Mukarovsky correspondem à "própria compreensão" de Mikhail Bakhtin e estabelecem, no âmbito da linguagem poética (digressão do signo artístico para Iuri Lotman), uma realidade autônoma e complexa que, para ser compreendida, é necessário recuperar o percurso, isto é, perscrutar a natureza do material de base ou a natureza do signo linguístico e tentar compreender a passagem dessa condição para a outra, quer dizer, para a sua condição de signo artístico. O fato de a poesia determinar a sua especificidade pela natureza de seu material (signos artificiais para Jean-Baptiste Du Bos e seus seguidores, sobretudo Gotthold Lessing; signos verbais para a Linguística Estrutural, conduzida por Ferdinand de Saussure; signos simbólicos para a Semiótica americana de Charles Sanders Peirce) resulta em questões também específicas e, creio, difusas, que precisam ser mais bem esclarecidas. Entre tais questões, destaco uma que me parece a mais importante: confere-se à poesia um campo mais amplo e me parece que se trata de um consenso por parte dos melhores pensadores. Ao falar do pintor, Maurice Merleau-Ponty distingue-o do escritor (pelo contexto inclui o poeta), afirmando que para este se pede conselho ou opinião, colocando-o ao lado do filósofo, e diz ele que "não se admite que mantenham o mundo em suspenso; quer-se que tomem posição, e eles não podem declinar as responsabilidades do homem que fala" (Merleau-Ponty, 1980, p.276). Devo confessar que não me agrada e não me convence de maneira nenhuma tal posição e nem mesmo tal consenso. Não me agrada nem me convence a hierarquização.

No seu *Curso de Linguística Geral*, Ferdinand de Saussure, ao teorizar ou definir o signo linguístico, determina sua natureza como *arbitrária*. Tal determinação se baseia nos seguintes enunciados: "Chamamos *signo* ao total resultado da associação de um significante

= imagem acústica e de um significado = conceito abstrato. Assim, a ideia de 'm.a.r.' não está ligada por relação alguma interior à sequência de sons m-a-r que lhe serve de significante; poderia ser representada igualmente bem por outra sequência, não importa qual" (Saussure, 1970, p.81). Desse primeiro princípio, Saussure determina o caráter imotivado do signo, excetuando de maneira breve dois casos de motivação: as onomatopeias autênticas e as exclamações. Além da brevidade das observações, Saussure assegura que ambos os casos não possuem relevância suficiente além de "sua origem simbólica ser em parte contestável" (ibidem, p.81 e ss.).

O segundo princípio que Saussure estabelece é o de que "o significante, sendo de natureza auditiva, desenvolve-se no tempo, unicamente, e tem as características que toma do tempo, a) representa uma extensão, e b) essa extensão é mensurável numa só dimensão: é uma linha" (ibidem).

A primeira parte dessas considerações é discutida em "Nature du signe linguistique" por Émile Benveniste (1974, p.51 e ss.). Após analisar detalhadamente os passos da teoria de Saussure, Benveniste conclui que só se pode falar de arbitrariedade entre o significante e o referente ou realidade. Uma vez que o próprio Saussure define a língua enquanto forma e não *substância*, e a relação entre significante e significado é indissolúvel, não se tem assim base efetiva para afirmar e defender a arbitrariedade do signo, pois isso só pode ocorrer na relação signo/referente. "Entre o significado e o significante o laço não é arbitrário; pelo contrário, é *necessário*. Juntos os dois foram impressos no meu espírito; juntos evocam-se mutuamente em qualquer circunstância" (ibidem, p.51). Ainda na concepção de Benveniste, o espírito não contém formas vazias, conceitos não nomeados e isso só corrobora as próprias palavras de Saussure, segundo quem o nosso pensamento é uma massa amorfa e indistinta, excetuando-se sua expressão por meio de palavras.

É aqui que surge a necessidade de buscar a natureza da "língua" da poesia. Ela "desrealiza" a função normativa da "língua" dos comunicados, mobiliza a *necessária* relação entre significante e significado, além de recuperar ou nomear (indiretamente) aquilo que era apenas nebuloso no pensamento ou no espírito. Dessa forma, um novo

ENTRE A MOBILIDADE E O ENIGMA

mundo surge diante de nós. O processo de criação poética vai além de uma reorganização das convenções, e não significa conferir "expressividade" ao já conhecido. Ao dizer que "o espírito só acolhe a forma sonora que serve de suporte a uma representação identificável para ele; senão, rejeita-a como desconhecida ou estranha" (ibidem), nota-se que a visão do linguista, marcada pela categorização, acaba fornecendo subsídios férteis para as reflexões sobre o poético. Muitas e muitas vezes, mesmo não conseguindo encontrar uma relação lógica entre os significados das palavras de um poema, o nosso espírito acolhe o que aprende como nomeado pela primeira vez, embora já não mais pelas palavras-signos, mas pela profusão hieroglífica dos elementos constitutivos de uma nova expressão que está em relação com um universo de conteúdos. A poesia assim compreendida, (ERC)RC na concepção de conotação de Louis Hjelmslev (1974), cuja nova relação se dá por mecanismos internos de construção da linguagem, deixa de pertencer à competência da Linguística e passa para os domínios da Semiótica. Nesse sentido, os conceitos abstratos ocorrem na esfera da virtualidade poética, na potencialidade evocadora do objeto intencional criado. E não existe, assim, um limite para a concretização dessas "ideias" sugeridas, podendo envolver, portanto, esferas não ainda nomeadas. Para o verdadeiro poeta, a relação entre o signo e a realidade passa por um processo que se poderia denominar dialético. Destitui o signo da noção instintiva do falante (processo de eliminação) em que os signos são as coisas, confere-lhe ou o devolve, portanto, à sua natureza própria de *forma* e daí eleva-o, pelo fenômeno da criação, à condição de Arte. É nessa última etapa que se dá a reversibilidade dialética: como se se tratasse de um reajustamento de uma ordem perdida, a nova esfera resgata o sentimento do mundo e ilumina a sua verdadeira natureza. Todavia, para obter tal resultado, o poeta se vale de infinitos recursos, todos eles influindo na *motivação* do signo linguístico enquanto material primeiro para a realização poética.

. . . .

190 TRANSIÇÃO E PERMANÊNCIA

Se existe uma tendência enraizada no homem de fixar os signos verbais (*artificiais* para os teóricos do século XVIII) no "semblante do mundo" e cristalizar os signos como as coisas que representam, tal inclinação se acentua quando se trata dos signos icônicos (*naturais* para os teóricos do século XVIII).

"La figure des objets, leur couleur, leur reflets de la lumière, les ombres, enfin tout ce que l'œil peut apercevoir, se trouve dans un tableau comme nous le voyons dans la Nature" (Du Bos, 1997, p.111).[1] Essa concepção tão antiga, mas perseverante como pedra, grande resistência do Homem na sua relação com o mundo, foi-o também na evolução da arte pictórica, às vezes camuflada pelo artista, às vezes iludida pelo público. Essa quase impossibilidade de se reconhecer a imagem visual enquanto signo conferiu à pintura um defrontar-se com um problema, específico dela, que lhe confere uma dimensão ontológica de superação da esfera do olho imediato para uma espécie de olho transcendental. Nesse sentido, o processo interno que se desenvolveu nas artes, denominado "ampliação dos limites", bem como a conquista do estabelecimento de um sistema próprio de cada uma, que justificaria a sua verdadeira função, viveu, durante o século XIX, um crescimento conflitante e incessante e, nesse sentido, singular na história da arte. No caso da pintura, muitos artistas tiveram funções históricas decisivas, cada um contribuindo à sua maneira, expressando na mudez iconográfica de seu material as antinomias sociais, filosóficas e estéticas. A arte pictórica ia escavando na forma da imagem, na cor, no contorno e no tom das composições, de modo sorrateiro, mas persistente, as paredes da representação naturalista, imitativa, em busca de seu verdadeiro espaço. Porém, por mais que novas formas expressivas fossem encontradas, o espaço pictórico continuava assentado no seu aprisionamento básico, herdado do Renascimento: a dimensão de profundidade, a terceira dimensão conseguida com a perspectiva. Como se sabe, o nascimento da pintura, como hoje a reconhecemos, deve-se ao Renascimento, à descoberta da perspectiva e ao seu aprimoramento, graças aos inúmeros

---

1 "A forma dos objetos, sua cor, seus reflexos de luz, as sombras, enfim, tudo o que o olho pode perceber se encontra numa pintura tal como a vemos na Natureza." (tradução do editor)

ENTRE A MOBILIDADE E O ENIGMA 191

tratados sobre tal conquista técnica. Esse fato, de importância determinante para a história da pintura, tornou-se uma das barreiras mais sólidas para a evolução da própria pintura; uma vez entendida e dominada pelas formas de representação naturalistas da arte clássica, passou a ser dominadora e doutrinária, dificultando sobremaneira a conquista do outro espaço, aquele das relações internas do sistema pictórico, que promove o dinâmico. João Cabral de Melo Neto, ao realizar seu estudo sobre a pintura de Joan Miró, numa fase (1950) em que se volta para os trabalhos de certos pintores, como forma de compreensão de alguns procedimentos da poesia, discute, com singular clareza, as fases e os pontos básicos de tal fenômeno. Para ele, o desenvolvimento da pintura em outra dimensão, em profundidade, foi um aparente enriquecimento da superfície pictórica, uma vez que vinha limitá-la.

Diz o poeta que

a terceira dimensão em pintura anula a existência do dinâmico (essa riqueza da antiga pintura decorativa) porque para ser percebida, em sua ilusão, exige a fixação do espectador num ponto ideal a partir do qual, e somente a partir do qual, essa ilusão é fornecida. Essa ilusão só pode ser apreendida enquanto conjunto. E esse ponto teórico, onde devem deter-se os dois ou três segundos iniciais da atenção do espectador, que são o essencial de sua contemplação (já que a apreciação do detalhe se dá independentemente da apreensão do conjunto), é importantíssimo. Esse ponto é o único em que as três dimensões, por se reunirem em sua mínima medida, material, podem ser apreendidas simultaneamente. (Melo Neto, 1952, p.5)

Essa libertação, conquistada ao longo de tantos séculos pela pintura, conferiu-lhe uma autonomia enquanto linguagem que lhe permitiu, conhecendo-se melhor, realizar no espaço da tela procedimentos que antes só eram permitidos à poesia. Assim, do mesmo modo que tentei descrever o processo dialético da relação entre signo verbal e realidade em três etapas, creio ocorrer o mesmo com o signo icônico no ato de criação. Destitui-se o signo da noção instintiva do olho (processo de eliminação) em que os ícones são coisas; com isso ele é devolvido à sua natureza de *forma*, e daí elevado à condição de arte. Como na poesia, o signo pictórico é *modulado*, para lembrar Paul Cézanne. Atingindo

192 TRANSIÇÃO E PERMANÊNCIA

esse princípio estrutural, podemos falar com Wassily Kandinsky que uma arte pode aprender da outra o modo com que se serve de seus meios para depois, por sua vez, utilizar os seus da mesma forma. Mais que uma busca de correspondências entre os elementos mínimos constitutivos de cada uma das duas artes (cor-som, linha--sintaxe etc.), acredito num princípio consciente de *construção*, em que esses elementos são utilizados como ingredientes, mas em *relação* aos demais, próprios de cada sistema. São procedimentos construtivos que podem ser aprendidos por um e outro artista, da arte vizinha, e são eles responsáveis pela homologia estrutural entre as artes.

Obra de arte e receptor: uma relação potencial

O ponto de partida e o ponto de chegada, bem como o trajeto que aqui se inscreve, são coincidentes. Trata-se exclusivamente do percurso do objeto artístico, que, segundo Paul Valéry (1947, p.32 e 55), só pode atingir seu estatuto se for resultado de uma "fabricação", sem, é lógico, descartar a importante dosagem de sensibilidade poética. Fabricar, diz Valéry, consiste em fazer uma obra de arte de um modo diferente, modo esse que exige forte sensação, mediada pela paciência e espírito crítico. Essas são as condições básicas para se passar da expressão imediata, em que a linguagem cumpre sua função meramente comunicativa, para aquela expressão mais estudada e fundada no conhecimento de nossos semelhantes, de sua maneira de reagir, que constituirá a obra de arte (ibidem). O objeto artístico em questão é a pintura e a poesia lírica, suas esferas de produção e de concretização por meio do signo artístico, seja no sistema plástico de manifestação, seja no sistema verbal. Em ambos os casos, o produto criado atua como um dêitico cuja realização se manifesta no vínculo anafórico com o artista (sentido amplo do termo) e cuja concretização se manifesta no vínculo catafórico com o fruidor (tradutor? decifrador?). Esse movimento subentende a natureza própria da obra de arte,

> como objeto aberto a uma infinidade de degustações. E não porque uma
> obra seja um mero pretexto para todas as exercitações da sensibilidade

subjetiva que faz convergir sobre ela os humores do momento, mas porque é típico da obra de arte o pôr-se como nascente inexaurida de experiências que, colocando-a em foco, dela fazem emergir aspectos sempre novos. (Eco, 1976, p.68)

Todavia, essa abertura da obra sofreu, durante muito tempo, as mais variadas formas de contenção, causadas por inúmeras razões que se poderiam sintetizar em estético-morais. Como exemplifica Paul Valéry, houve uma época em que os maiores poetas desejavam igualar-se a Virgílio ou a Homero, assim como houve uma época em que, num sentido um pouco diferente, os pintores destinados às mais altas carreiras iam ao museu copiar uma tela de Rafael, uma tela de Leonardo da Vinci ou uma tela de Tintoretto (Valéry, 1947, p.15). Encontravam o ideal de beleza ao imitar os mestres e restringiam, penso, as possibilidades de abertura, o espaço que se deve abrir ao receptor. Durante o Romantismo, as obras pictóricas e poéticas, consideradas suas diferenças reais, intensificaram o vínculo anafórico da relação e a expressividade acentuadamente voltada para o temperamento do artista. Acabavam também, em nome do sonho e da imaginação, se realizando *para* o receptor. Dessa forma, o receptor da obra é um consumidor, um contemplador que *a partir dela*, pode até ter seu universo de fantasia. Mas, mesmo com essas restrições, mediante os novos rumos que assumiu a arte romântica, com ampliações formais e reformulações dos gêneros, foi nesse período que ocorreu o início de uma busca que atingiu o seu momento decisivo no apogeu do Romantismo, que, como diria Charles Baudelaire, denunciava a sua morte: meados de 1850. No que diz respeito ao poeta, diz Paul Valéry: *"Pour la première fois, les rapports de l'œuvre et du lecteur étaient élucidés et donnés comme les fondements positifs de l'art"*.[2] Essa primeira vez significava um passo decisivo para a ampliação dos limites que se impunham à poesia, mas passava a exigir uma "fabricação" muito mais difícil, que representava o início de um jogo perigoso. Ao

---

2 "Pela primeira vez, as relações entre a obra e o leitor eram elucidadas e dadas como os fundamentos positivos da arte." (tradução do editor)

194 TRANSIÇÃO E PERMANÊNCIA

analisar esse jogo que nada mais é que a poesia moderna, João Alexandre Barbosa (1979, p.13-14) assim se pronuncia:

> começo de um certo tipo de relação entre o poeta e a linguagem da poesia e, mais do que depressa, entre o leitor e o poema. A ampliação é inevitável: como se vai ver, a primeira relação é modificada na medida em que a segunda se transforma numa condição imprescindível à sua operacionalidade. Entre o poeta e a linguagem, o leitor do poema deixa de ser o consumidor para se incluir como latência de uma linguagem possível. Não se escreve mais apenas para o leitor: este é o Édipo de uma Esfinge cujo nome o poeta-oráculo esqueceu. Por isso, a decifração não está mais na correta tradução do enigma, mas sim na recifração, criação de um espaço procriador de enigmas por onde o leitor passeia a sua fome de respostas.

É assim que João Alexandre Barbosa vê, retomando a sua expressão certeira, poeta e leitor como "parceiros do mesmo jogo", onde "aproximam-se ou afastam-se conforme o grau de absorção da/na linguagem" (ibidem, p.14).

A supremacia da função estética na obra de arte é o elemento determinante desse processo. O mundo do artista bem como as referências do mundo tornam-se obsessores perdidos do outro lado da nova esfera. Esta (objeto produzido) passa a valer como palco móvel (signos artísticos e seus meandros negaceantes) na sua relação com o receptor. Não se pode, consequentemente, esperar desse objeto uma "validez" comunicativa "nem mesmo quando comunica alguma coisa; pode insinuar a possibilidade de um aproveitamento prático [...], mas não serve para realizar essa finalidade aparente" (Mukarovsky, 1964, p.224). No caso do poema lírico, esse fator de interiorização é mais "intenso", em oposição ao "extenso" da prosa não literária, e se pode dizer que a eficácia estética desse gênero está na sua acentuada "intensidade". O sentido interno, em verdade, é próprio de todas as estruturas verbais literárias. Dizendo com Northrop Frye (1973, p.78), talvez

> possa ser mais bem descrito como hipotético, e uma relação hipotética ou presumida com o mundo exterior é parte do que usualmente quer dizer a palavra "imaginativo" [...]. Em literatura, as questões de fato ou verdade

ENTRE A MOBILIDADE E O ENIGMA

[...] subordinam-se ao objeto literário precípuo de produzir uma estrutura de palavras em razão dela própria, e os valores de signo dos símbolos subordinam-se à sua importância como estruturas de motivos interligados. Onde quer que tenhamos uma estrutura verbal autônoma desse gênero, temos literatura.

Tal autonomia é inquestionável, mas também é inquestionável que sua realização ou "concretização" será tanto maior quanto mais "intensa" for a construção interna do signo em si.

No seu conhecido estudo *A obra de arte literária*, Roman Ingarden (1973, p.274) voltando-se ao quadro de referência fenomenológica de determinação dos objetos (objetos reais, universalmente determinados, e objetos ideais, que são autônomos), tenta descrever a maneira como a obra de arte nos é dada. Para ele,

"o objeto real" representado segundo o seu conteúdo é apenas uma formação esquemática com diversos pontos de indeterminação e com um número finito de características definidas, embora seja delineada formalmente como um indivíduo plenamente definido e destinada a simular esse indivíduo. Esta natureza esquemática dos objetos representados não pode ser eliminada em nenhuma obra literária finita, ainda que, no decurso da obra, pontos de indeterminação sempre novos possam ser preenchidos pelo complemento de novas qualidades, positivamente delineadas e assim ser eliminados.

A técnica fenomenológica de Roman Ingarden, que analisa a produção literária como "objeto intencional", procura aclarar "efetivamente" certos movimentos gerais da consciência sem se emaranhar na procura de inefáveis "vivências", uma vez que "o mundo dos objetos representados" é uma *camada* intencional, edificada "sobre" os estratos diretamente ligados à matéria verbal do texto: a camada cônica e a camada das "unidades do sentido" ou "das orações" (Iser, 1989, p.93 e ss.).

Todavia, é na relevante análise crítica do pensamento de Ingarden, realizada por Wolfgang Iser (ibidem), que emergem aspectos de suma importância para a iluminação desse movimento entre a natureza do texto literário e a sua "realização" no ato de recepção. Para Iser, "os

196   TRANSIÇÃO E PERMANÊNCIA

pontos de indeterminação" servem, em primeiro lugar, para que Ingarden diferencie o objeto intencional da obra de arte de outras determinações do objeto. Com essa função, contudo, o conceito de "pontos de indeterminação" recebe uma ambivalência, que já começa a se mostrar na passagem onde Ingarden diz que o objeto intencional, nunca totalmente determinado, deve ser visto como se fosse determinado, e que sua plena determinação aparece pelo menos simulada. Em acréscimo à função de diferenciação do objeto, Ingarden passa a atribuir aos "pontos de indeterminação" um papel na concretização da obra. "No entanto, torna-se transparente a ambivalência do conceito" (ibidem, p.93). Uma vez que o objeto intencional tem de simular uma determinação semelhante à do objeto real, mas só pode fazê-lo por meio do ato complementar de concretização, ambos, pontos de indeterminação e concretização, devem-se submeter a limitações específicas, uma vez que, mesmo sendo o objeto intencional aberto, Ingarden distingue entre falsas e verdadeiras concretizações da obra (ibidem, p.94).

Tais pontos de indeterminação, conclui Iser, "devem-se restringir em seus efeitos ao postulado do caráter polifônico da obra de arte, pois por este meio o objeto intencional alcança aquele fechamento que o qualifica como objeto" (ibidem). Daí a concepção de Ingarden da produção do objeto estético ser como uma formação harmoniosa em que as categorias da empatia e da *emotive theory* motivam a conexão entre texto e leitor. Antes de fazer caminhar as suas próprias ideias sobre a questão, Iser sintetiza a sua posição, com a qual concordo, frente à teoria de Roman Ingarden. Primeiramente, destaca duas "grandes desvantagens": a) incapacidade de aceitar a possibilidade de a obra ser concretizada de maneiras diferentes, igualmente válidas; b) por conta de seu preconceito, não leva em conta que a recepção de muitas obras de arte seria simplesmente paralisada, se elas só pudessem ser concretizadas de acordo com as normas da estética clássica (ibidem, p.102-103).

Em segundo lugar, Iser reconhece em Ingarden o seu grande mérito: a sua ideia de concretização rompeu com a visão tradicional da arte como mera representação, chamando a atenção para a sua estrutura de recepção necessária para a obra, embora não tenha pensado esse conceito como um conceito de comunicação.

ENTRE A MOBILIDADE E O ENIGMA

A sujeição da obra de arte a um referente que o classifica "segundo a presença ou ausência de certos traços" (ibidem, p.103) leva Iser, com razão, a questionar como se daria a compreensão de um texto "cujo sentido só se forma pela ruptura de seu quadro de referência – obra de arte como produção esquemática" (ibidem, p.104). Para ele, "o emprego da realidade simulada como *signo* não se esgota na vontade de puramente descrever a realidade conhecida" (ibidem, p.104).

Nesse caso, "se a ficção e a realidade forem medidas por seu caráter de objeto, constatar-se-á, na ficção, apenas o traço objetivo da perda" (ibidem, p.105). Contrariando tal posição que acaba deduzindo da teoria reducionista de Ingarden, Iser defende a obra como estrutura de comunicação, distinguindo-a, assim, quer da realidade a que se refere, quer do repertório de disposições de seu possível receptor. E é pela não correspondência que se dá, nos graus de indeterminação, a oculta recodificação no ato de recepção da obra. Para ele, "como o não dito é constitutivo para o que diz o texto, a sua formulação pelo leitor provoca uma reação quanto às posições manifestadas pelo texto, que, por via de regra, apresentam realidades simuladas" (ibidem). Nesse confronto, tão bem apontado por Iser, entre o "espaço de signos" codificado pelo artista e composto de pontos de indeterminação e o "espaço de signos" codificado pelo receptor da obra por meio do repertório do mundo é que se dá a comunicação. "Combinação", em vez de preenchimento de lacunas, é o termo utilizado por Iser para designar uma "relação potencial" indicada pelos "vazios" ou estruturas centrais de indeterminação no texto" (ibidem). Deve-se compreender, entretanto, que tal "combinação" entre os dois espaços de signos não leva a uma construção do objeto representado; "a prova crítica, se ela existe, depende de uma aptidão não para *descobrir* a obra interrogada, mas, ao contrário, para cobri-la o mais completamente possível com sua própria linguagem" (Barthes, 1970a, p.162).

Apesar de os exemplos de Iser serem todos extraídos da prosa literária, entendemos como pertinente a sua teoria aos dois gêneros que acabamos de estudar. Como ele mesmo chega a dizer, em certo sentido, envolve todas as formas de produção estética. Observando a história das duas formas que conduziram as reflexões deste trabalho, a arte poética e a arte pictórica, e ressalvadas as suas naturezas ou graças às suas diferenças, vale acompanhar o seu percurso ou o percurso da ampliação de seus meios a partir do Pós-Romantismo, na incessante busca de uma intensificação de vazios. Se a unidade da arte é dada pela supremacia da orientação estética, a sua multiplicidade vem tanto da variedade dos materiais como da diversidade dos objetivos especiais dos diversos ramos da criação artística. O fato de a poesia se valer da linguagem constituída de signos simbólicos e a pintura, de signos icônicos determina lutas distintas em busca de um mesmo alvo. Em ambos os casos, nos seus objetivos de criação, a "formulação do não dito" (proposição de Iser) ou do não iconizado (minha proposição) se transforma na reação do leitor/observador e significa, portanto, que o universo ficcional (pintura ou poesia) "sempre transcende o mundo a que se refere" (Iser, 1989, p.105). Todavia, para ser possível tal procedimento, tanto o poeta quanto o artista têm de ser capazes de transpassar esse mundo e transformá-lo em outro mais novo, que inclui, à sua maneira, os fragmentos do antigo.

A *mímesis* diz, portanto, de uma decisão que nos define. Ser capaz de mímesis é transcender a passividade que nos assemelha a nossos contemporâneos e, da matéria da contemporaneidade, extrair um modo de ser, i.e., uma forma que nos acompanharia além da destruição da matéria. Como o próprio do contemporâneo é mutável, o próprio da conquista da forma é fixar esta dinâmica no produto, a obra poética, que a apresenta. (Costa Lima, 2003, p.3)

À luz dessa reflexão de Luiz Costa Lima e munido dos efeitos advindos desse envolvimento com a poesia de João Cabral e com a pintura de Joan Miró, findarei pelo princípio ou principiarei pelo fim. Seja a metáfora ou o símbolo poético, seja a imagem visual produtora de sentidos, existe na obra de arte um componente mobilizador das nossas condições existenciais que determina a sua natureza. No profundo processo de depuração do signo, a arte arrasta resíduos do mundo e com isso arrasta resíduos da vida pessoal. Do olho ao pensamento e às sensações, da VOZ ao profuso silêncio, baila o enigma na revelação de seu corpo nebuloso. É ele, o enigma, que, desvendando a ilusão de conhecimento do mundo, oculta-o, para fazer germinar, de modo prodigioso, a nossa consciência do VAZIO.

Epitáfio

Salvo os amorosos principiantes ou findos que querem principiar pelo fim há tantas coisas que findam pelo princípio que o princípio principia a findar por estar no fim o fim disso é que os amorosos e outros findarão por principiar a reprincipiar por esse princípio que terá findo por não ser mais que o fim retornando o que principiará por ser igual à eternidade que não tem nem fim nem princípio e terá findo por ser também finalmente igual à rotação da terra onde se findará por não distinguir mais onde principia o fim de onde finda o princípio o que é todo fim de todo princípio igual a todo princípio final do infinito definido pelo indefinido. – Igual um epitáfio igual um prefácio e vice-versa.

Tristan Corbière

Referências

Textos de João Cabral (poesia)

MELO NETO, J. C. de. *A educação pela pedra*. Rio de Janeiro: Editora do Autor, 1966.

MELO NETO, J. C. de. *Antologia poética*. Rio de Janeiro: Sabiá, 1967.

MELO NETO, J. C. de. *Poesias completas (1940-1965)*. Rio de Janeiro: Sabiá, 1968.

MELO NETO, J. C. de. *Morte e vida severina e outros poemas em voz alta*. 6.ed. Rio de Janeiro: José Olympio, 1974.

MELO NETO, J. C. de. *Museu de tudo*. Rio de Janeiro: José Olympio, 1975.

Textos de João Cabral (prosa)

MELO NETO, J. C. de. *Joan Miró*. 2.ed. Rio de Janeiro: Ministério da Educação e Saúde, 1952. [Barcelona: Edicions de l'Oc, 1950.]

MELO NETO, J. C. de. Poesia e composição: a inspiração e o trabalho de arte. Conferência pronunciada na Biblioteca de São Paulo em 13.11.1952, no Curso de Poética. *Revista Brasileira de Poesia*, São Paulo, n.VII, abr. 1956.

MELO NETO, J. C. de. *Da função moderna da poesia*. Tese apresentada à Seção de Poesia do Congresso Internacional de Escritores e Encontros Intelectuais. São Paulo: Anhembi, 1957.

Estudos sobre João Cabral

ALMEIDA PRADO, A. L. de. Rosa Tetrafoliar (Uma leitura de *A educação pela pedra*, a partir de seus módulos poéticos-gerativos). *Revista de Letras*, Assis, v.18, separata, 1976.

BARBOSA, J. A. *A imitação da forma*. São Paulo: Duas Cidades, 1975a.

BARBOSA, J. A. A poesia da linguagem. In: *A imitação da forma*. São Paulo: Duas Cidades, 1975b.

BARBOSA, J. A. Preparação da leitura. In: *A imitação da forma*. São Paulo: Duas Cidades, 1975c.

CAMPOS, H. de. O geômetra engajado. In: *Metalinguagem*. Petrópolis: Vozes, 1970.

CANDIDO, A. Poesia ao norte. *Folha da Manhã*, São Paulo, 13 jun. 1943. (reed. *José*, Rio de Janeiro, n.5/6, 1976.)

CARONE, M. *A poética do silêncio*. São Paulo: Perspectiva, 1979.

CERIBELI, D. T. *Poética e função metalinguística*. São Paulo, 1974. Tese (Doutorado) – Pontifícia Universidade Católica de São Paulo.

COSTA LIMA, L. *Lira e antilira*. Rio de Janeiro: Civilização Brasileira, 1968.

ESCOREL, L. *A pedra e o rio*. São Paulo: Duas Cidades, 1973.

GULLAR, F. Situação da poesia brasileira. In: *Cultura posta em questão*. Rio de Janeiro: Civilização Brasileira, 1965.

GULLAR, F. *Vanguarda e subdesenvolvimento*. Rio de Janeiro: Civilização Brasileira, 1969.

HOLANDA, S. B. de. Branco sobre o branco. In: *Cobra de vidro*. São Paulo: Perspectiva, 1978.

LINS, Á. *Os mortos de sobrecasaca*. Rio de Janeiro: Civilização Brasileira, 1963.

MERQUIOR, J. G. *Razão do poema*. Rio de Janeiro: Civilização Brasileira, 1965.

MERQUIOR, J. G. *A astúcia da mímese*. Rio de Janeiro: José Olympio, 1972.

MUKAROVSKY, J. Standard Language and Poetic Language. In: *A Prague School Reader on Esthetics, Literary Structure, and Style*. Washington, D.C.: Georgetown University Press, 1964. p.17-30.

NUNES, B. A máquina do poema. In: *O dorso do tigre*. São Paulo: Perspectiva, 1969.

NUNES, B. *João Cabral de Melo Neto*. Petrópolis: Vozes, 1974a. (Coleção Poetas Modernos do Brasil, 1).

NUNES, B. A lógica da composição. In: *João Cabral de Melo Neto*. Petrópolis: Vozes, 1974b. (Coleção Poetas Modernos do Brasil, 1).

NUNES, B. Miró, Cabral e Ponge. In: *João Cabral de Melo Neto*. Petrópolis: Vozes, 1974c. (Coleção Poetas Modernos do Brasil, 1).

REFERÊNCIAS

203

NUNES, B. O poeta dormindo. In: *João Cabral de Melo Neto*. Petrópolis: Vozes, 1974d. (Coleção Poetas Modernos do Brasil, 1).

NUNES, B. Ruptura com o lirismo. In: *João Cabral de Melo Neto*. Petrópolis: Vozes, 1974e. (Coleção Poetas Modernos do Brasil, 1).

Telas, litografias e estudos críticos sobre Joan Miró

DUPIN, J. *Miró*. Cologne: Éditions M. Dumont Schauberg; Paris: Éditions Ernest Flammarion, 1961.

HUNTER, S. *Miró*. Paris: Calmann-Lévy, Éditeurs, [s.d.].

PELLICER, A. C. *Miró en su obra*. Barcelona: Editorial Labor, 1970. (Nueva Colección Labor).

ROWELL, M. *Joan Miró, peinture = poésie*. Paris: Éditions de la Différence, 1972.

RUBIN, W. *Miro in the Collection of Museum of Modern Art*. New York: The Museum of Modern Art, 1973.

SCHNEEDE, U. M. *Surrealism:* The Movement and the Masters. Trad. Maria Pelikan. New York: Harry N. Abrams, 1973.

Outras obras

ADORNO, T. W. Discurso sobre lírica e sociedade. In: *Notas de literatura*. Trad. Celeste Aída Galeão e Idalina Azevedo da Silva. Rio de Janeiro: Tempo Brasileiro, 1965.

ANDRADE, C. D. de. A rosa do povo. In: *Poesia completa & prosa*. Rio de Janeiro: Nova Aguilar, 1977.

ANDRADE, O. de. Manifesto antropofágico. *Revista de Antropofagia*, São Paulo, 1975.

ARGAN, G. C. *El arte moderno*. 2.ed. Trad. Joaquim Espinosa Carbonell. Valencia: Fernando Torres, 1976. 2 v.

ARISTÓTELES. *Poética*. Trad., pref., introd. e coment. Eudoro de Souza. Porto Alegre: Globo, 1966.

BACHELARD, G. Les métaphores de la dureté. In: *La terre et les rêveries de la volonté*. Paris: Librairie José Corti, 1948.

BAKHTIN, M. *Marxismo e filosofia da linguagem*. Pref. Roman Jakobson, apresent. Marina Yaguello, trad. Michel Lahud e Yara Frateschi Vieira. São Paulo: Hucitec, 1979a.

204 TRANSIÇÃO E PERMANÊNCIA

BAKHTIN, M. Estudo das ideologias e filosofia da linguagem. In: *Marxismo e filosofia da linguagem*. Pref. Roman Jakobson, apresent. Marina Yaguello, trad. Michel Lahud e Yara Frateschi Vieira. São Paulo: Hucitec, 1979b.

BARBOSA, J. A. As ilusões da modernidade. *Através*, São Paulo, Livraria Duas Cidades, n.3, 1979.

BARTHES, R. *Crítica e verdade*. Trad. Leyla Perrone-Moisés. São Paulo: Perspectiva, 1970a.

BARTHES, R. Literatura e metalinguagem. In: *Crítica e verdade*. Trad. Leyla Perrone-Moisés. São Paulo: Perspectiva, 1970b.

BARTHES, R. O que é a crítica. In: *Crítica e verdade*. Trad. Leyla Perrone-Moisés. São Paulo: Perspectiva, 1970c.

BARTHES, R. *Elementos de semiologia*. Trad. Isidoro Blikstein. São Paulo: Cultrix, 1971.

BENJAMIN, W. A obra de arte na fase de sua reprodutividade técnica. In: *Sociologia da arte*. Trad. Dora Rocha. Rio de Janeiro: Zahar, 1969. v. 4.

BENJAMIN, W. Allegoria e dramma barocco. In: *Il dramma barocco tedesco*. Torino: Einaudi, 1971.

BENVENISTE, É. *Problèmes de Linguistique Générale II*. Paris: Gallimard, 1974.

BENJAMIN, W. Sobre alguns temas em Baudelaire. In: *Os pensadores*. Trad. Edson Araújo Cabral e José Benedito de Oliveira Damião. São Paulo: Abril Cultural, 1975. v. XLVIII.

BLOOM, H. *The Anxiety of Influence:* A Theory of Poetry. New York: Oxford University Press, 1973.

BORGES, Jorge Luis. Pierre Menard, autor do *Quixote*. In: *Ficções*. 2.ed. Trad. Carlos Nejar. Porto Alegre: Globo, 1976.

BOSI, A. *O ser e o tempo da poesia*. São Paulo: Cultrix, 1977.

BOSI, A. *História concisa da literatura brasileira*. 2.ed. São Paulo: Cultrix, 1978.

BRIK, O. Ritmo e sintaxe. In: EIKHENBAUM, B. et al. *Teoria da literatura:* formalistas russos. Porto Alegre: Globo, 1971.

CAMPOS, A. de. Poesia, estrutura. In: CAMPOS, A. de; PIGNATARI, D.; CAMPOS, H. de. *Mallarmé*. São Paulo: Perspectiva, 1991.

CAMPOS, H. de. *A operação do texto*. São Paulo: Perspectiva, 1976.

COHEN, J. *Estrutura da linguagem poética*. Trad. Alvaro Lorencini e Anne Arnichand. São Paulo: Cultrix, 1974.

COQUET, J.-C. Poétique et linguistique. In: *Sémiotique littéraire*. Paris: Librairie Larousse, 1972.

CORBIÈRE, T. Epitáfio. In: POUND, E. *ABC da literatura*. Trad. Augusto de Campos e José Paulo Paes. São Paulo: Cultrix, 1970.

COSTA LIMA, L. *Mímesis e modernidade:* formas das sombras. São Paulo: Paz e Terra, 2003.

REFERÊNCIAS 205

DÄLLENBACH, L. Intertexte et autotexte. *Revue Poétique*, Paris, n.27, 1976.

DELAS, D.; FILLIOLET, J. *Linguistique et poétique*. Paris: Librairie Larousse, 1973.

DU BOS, J-B. *Réflexions critiques sur la poésie et sur la peinture*. Paris: École nationale supérieure des beaux-arts, 1997.

ECO, U. *A estrutura ausente*. Trad. Pérola de Carvalho. São Paulo: Perspectiva, 1971.

ECO, U. *As formas do conteúdo*. Trad. Pérola de Carvalho. São Paulo: Perspectiva, 1974.

ECO, U. *Obra aberta*. Trad. Sebastião Uchoa Leite. São Paulo: Perspectiva, 1976.

FRIENDRICH, H. *Estructura de la lírica moderna*. Barcelona: Seix Barral, 1974.

FRYE, N. *Anatomia da crítica*. São Paulo: Cultrix, 1973.

GENAILLE, R. *Dictionnaire des peintres flamands et hollandais*. Paris: Librairie Larousse, 1967.

GENETTE, G. *Figuras*. Trad. Ivone F. Mantoanelli. São Paulo: Perspectiva, 1972.

GENETTE, G. *Figures III*. Paris: Éditions du Seuil, 1972. (Collection Poétique).

GREIMAS, A. J. *Introdução aos ensaios de semiótica poética*. São Paulo: Cultrix, 1976.

GREIMAS, A. J. et al. *Essais de sémiotique poétique*. Paris: Librairie Larousse, 1972.

GREIMAS, A. J. et al. *Semântica estrutural*. Trad. Haquira Osakabe e Isidoro Blikstein. São Paulo: Cultrix, 1973.

GREIMAS, A. J.; COURTÉS, J. *Dicionário de semiótica*. São Paulo: Cultrix, 1979.

HAUSER, A. *Literatura y Manierismo*. Trad. Felipe Gonzales Vicen. Madrid: Ediciones Guadarrama, 1965.

HJELMSLEV, L. Expresión y contenido. In: *Prolegómenos a una teoría del lenguaje*. Versão espanhola José Luis Díaz de Liaño. Madrid: Editorial Gredos, 1974.

INGARDEN, R. *The Literary work of art*. Trad. George G. Grabowicz. Evanston: Northwestern University, 1973.

ISER, W. Interaction between text and reader. In: *Prospecting: from Reader Response to Literary Anthropology*. Baltimore: Johns Hopkins University Press, 1989.

JAFFÉ, H. L. C. *Mondrian*. Paris: Éditions Cercle D'Art; New York: Harry N. Abrams, 1970.

JAKOBSON, R. Dois aspectos da linguagem e dois tipos de afasia. In: *Linguística e comunicação*. Trad. Isidoro Blikstein e José Paulo Paes. São Paulo: Cultrix, 1969a.

JAKOBSON, R. Linguística e poética. In: *Linguística e comunicação*. Trad. Isidoro Blikstein e José Paulo Paes. São Paulo: Cultrix, 1969b.

JAKOBSON, R. *Questions de poétique*. Paris: Éditions du Seuil, 1973. (Collection Poétique).

JUNG, C. G. et al. *El hombre y sus símbolos*. Trad. Luis Escolar Bareño. Madrid: Ediciones Aguillar, 1966.

KANDINSKY, W. *De lo espiritual en el arte*. Trad. Elisabeth Palma. México, D. F.: Premià, 1981.

KLEE, P. *On Modern Art:* With an Introduction by Herbert Read. London: Faber and Faber, 1974.

KRISTEVA, J. A produtividade chamada texto. In: *Introdução à semanálise*. Trad. Lúcia Helena França. São Paulo: Perspectiva, 1974.

LECERF, Y. Des poèmes cachés dans poèmes. *Revue Poétique*, Paris, n.18, 1974.

LINFERT, C. *Bosch*. New York: Harry M. Abrams, 1971.

LOTMAN, I. *A estrutura do texto artístico*. Trad. Maria do Carmo V. Raposo e Alberto Raposo. Lisboa: Editorial Estampa, 1978.

MELO NETO, J. C. de. João Cabral explica como construir poemas. 22 maio 1988. Entrevistador: Mario Cesar Carvalho. *Folha de S.Paulo*, São Paulo, 24 maio 1988, Ilustrada, p.A31. Disponível em: https://acervo. folha.com.br/digital/leitor.do?numero=10243&keyword=Neto&anchor=4152229&origem=busca&originURL=&maxTouch=0&pd=426e-d726294b8e7c062be8d723d6549. Acesso em: 11 jan. 2024.

MERLEAU-PONTY, M. Reflexão e interrogação. In: *O visível e o invisível*. Trad. José Artur Gianotti e Armando Mota de Oliveira. São Paulo: Perspectiva, 1971.

MERLEAU-PONTY, M. O olho e o espírito. Trad. Marilena Chaui. In: *Merleau-Ponty*. São Paulo: Abril Cultural, 1980. (Coleção Os Pensadores)

MONDRIAN, P. *Realidad natural y realidad abstracta*. Barcelona: Barral Editores, 1973.

MORAES, V. de. *A lua de Montevidéu*. In: *Poesia completa & prosa*. Rio de Janeiro: Nova Aguilar, 1976.

OGDEN, C. R.; RICHARDS I. A. *O significado do significado*. Trad. Álvaro Cabral. Rio de Janeiro: Zahar, 1972.

PAULING, L. Termodinâmica. In: *Química geral*. Rio de Janeiro: Ao Livro Técnico, 1967.

REFERÊNCIAS

PAZ, O. El ritmo. In: *El arco y la lira*. México, D. F.: Fondo de Cultura Económica, 1970.

PAZ, O. *Signos em rotação*. 2.ed. Trad. Sebastião Uchoa Leite. São Paulo: Perspectiva, 1976.

PAZ, O. *Marcel Duchamp ou o castelo da pureza*. Trad. Sebastião Uchoa Leite. São Paulo: Perspectiva, 1977.

PEIRCE, C. S. *Semiótica*. São Paulo: Perspectiva, 1976.

POUND, E. *A arte da poesia*. Trad. Heloysa de Lima Dantas e José Paulo Paes. São Paulo: Cultrix, 1976.

RICŒUR, P. *A metáfora viva*. São Paulo: Loyola, 2000.

SAUSSURE, F. de. *Curso de linguística geral*. 27.ed. Org. e ed. Charles Bally e Albert Sechehaye. Trad. Antônio Chelini, José Paulo Paes e Izidoro Blikstein. São Paulo: Cultrix, 1970.

SIMON, I. M. *Drummond:* uma poética do risco. São Paulo: Ática, 1978.

TODOROV, T. *Estruturalismo e poética*. Trad. José Paulo Paes. São Paulo: Cultrix, 1970.

TODOROV, T. *Poética*. Trad. Antonio José Massano. Lisboa: Editorial Teorema, 1977.

TYNIANOV, J. Da evolução literária. In: EIKHENBAUM, B. et al. *Teoria da literatura:* formalistas russos. Porto Alegre: Globo, 1971.

VALÉRY, P. Poésie et pensée abstraite. In: *Variété V.* Paris: Éditions Gallimard, 1938.

VALÉRY, P. *Souvenirs poétique*. Paris: Guy Le Prat, 1947.

VALÉRY, P. Discurso sobre a estética. In: COSTA LIMA, L. *Teoria da literatura em suas fontes – Volume 1*. Rio de Janeiro: Francisco Alves, 1975.

ZUMTHOR, P. Le carrefour des rhétoriqueurs (intertextualité et rhétorique). *Revue Poétique*, Paris, n.27, 1976.

SOBRE O LIVRO

FORMATO: 13,7 x 21 cm
MANCHA: 24,9 x 40,4 paicas
TIPOLOGIA: Miller Text 10/14
PAPEL: Off-white 80 g/m² (miolo)
Cartão Supremo 250 g/m² (capa)
1ª EDIÇÃO EDITORA UNESP: 2024

EQUIPE DE REALIZAÇÃO

COORDENAÇÃO EDITORIAL
Marcos Keith Takahashi (Quadratim)

EDIÇÃO DE TEXTO
Lucas Lopes (preparação)
Cacilda Guerra (revisão)
Fernando Guimarães Saves (revisão)

PROJETO GRÁFICO E CAPA
Quadratim

IMAGEM DA CONTRACAPA
João Cabral de Melo Neto e Joan Miró em Montjuïc, Espanha, 1948.
Foto: Enric Tormo (reprodução da capa de *Joan Miró*, 1950, Edicions de l'Oc)

EDITORAÇÃO ELETRÔNICA
Arte Final

Impressão e acabamento: